LES ROULIERS
DE LA BÉRÉZINA

ISBN 2-88194-042-0
EAN 9782881940422

André Besson

LES ROULIERS
DE LA BÉRÉZINA

Roman

ÉDITIONS MON VILLAGE S.A., VULLIENS (VD)
Suisse

Pour Annie et André,
Pour Monique et Paul,
Pour Jacqueline et Jacques,
Pour Nicole, Michèle et Denise,
Pour Pierre et Jean-Pierre,
qui furent mes compagnons de voyage en Russie,
sur les traces des ROULIERS DE LA BÉRÉZINA.

Avec ma fidèle amitié, A. B.

Bien qu'il soit inspiré de faits réels, cet ouvrage est un roman. Les noms, prénoms, comportements de ses personnages sont donc apocryphes.

PREMIÈRE PARTIE

Chapitre premier

Pauline Paget laissa s'écouler devant elle l'indolent troupeau de vaches rousses avant de s'engager à son tour, avec son chien sur le sentier caillouteux qui serpentait au flanc du monticule où les bêtes venaient de paître depuis le matin.

Le soir tombait sur la vaste étendue du plateau du Grandvaux au terme d'une des premières journées véritablement printanières à la sortie d'un rude et interminable hiver.

A loin, les hautes crêtes de la Joux-Devant et de la Joux-Derrière, dentelées par les lances noires des épicéas, offraient leur relief tourmenté aux ultimes rayons du soleil qui empourpraient l'horizon.

En bas, le paysage d'une sauvage beauté était une grande lande parcheminée, rabotée jusqu'à l'os par la cruelle varlope du vent. Ses roches gris-bleu, ses buissons de buis et de genévriers semblaient empreints d'une inexprimable solitude. Seule la grosse ferme familiale des Paget, avec son immense toit pentu, ses murs recouverts de tavaillons[1], sa clôture de pierres sèches, offrait la vision d'un havre de paix au milieu d'un océan minéral et végétal pétrifié par le temps.

Le troupeau ne se trompait pas de cap malgré la sinuosité du chemin. Il se dirigeait délibérément en direction de cette énorme bâtisse isolée aux confins du village de Saint-Pierre-en-

---

[1] Planchettes d'épicéa employées à la couverture ou au revêtement des murs exposés aux intempéries dans les maisons traditionnelles du Haut-Pays.

Grandvaux. Dans le pays, on l'appelait la Ferme des Egarés car, depuis plus d'un siècle, il ne se passait guère d'hiver sans qu'elle n'accueillît opportunément des voyageurs imprudents perdus dans les tourmentes de neige.

A mi-descente de la colline, le regard de Pauline fut soudain attiré par la vision lointaine d'un convoi qui venait de déboucher d'un petit bois sur la route en provenance de La Chaumusse. Elle dénombra douze attelages, mais, en raison de la distance, ne put discerner qui étaient leurs conducteurs.

Une flambée de joie envahit la poitrine de la jeune fille à l'idée que l'un de ces voituriers était sans doute son propre père. Huit jours plus tôt, il avait en effet annoncé dans l'une de ses lettres qu'il serait de retour pour la Sainte-Ida, prénom que portait son épouse. Or, on était à la veille de cette fête.

Une fois encore, la longue randonnée hivernale de l'infatigable roulier allait s'achever. Il était parti l'automne précédent, comme chaque année, avec ses six voitures lourdement chargées de produits alimentaires et de fabrications artisanales du Haut-Pays. Il avait emporté des fromages de grande forme, des salaisons, du miel, de même que des objets de boissellerie et des mouvements d'horloges comtoises soigneusement emballés dans des caisses rembourrées de paille.

L'hiver dernier, son périple l'avait conduit successivement à Paris et au Havre. Il y avait vendu toutes ses charretées de marchandises avant de regagner le pays, aussi chargé qu'à l'aller, mais cette fois d'articles et de denrées destinées aux commerçants du Haut-Jura.

Ce soir, comme lors de chaque retour du roulier, ce serait la fête au domaine des Egarés. Selon son habitude, le père avait dû rapporter des cadeaux à sa femme, à sa fille aînée et à ses deux jeunes garçons, âgés respectivement de treize et dix ans.

La bergère calcula que, sans presser le pas, elle arriverait facilement à la ferme avant le convoi et aurait le temps de rentrer les vaches à l'étable.

Agée de dix-huit ans, Pauline était une solide fille brune aux longues nattes nouées, aux yeux couleur myosotis faisant ressortir son teint hâlé par le grand vent du plateau. Elle avait un corps aux proportions parfaites, de la souplesse, de l'assurance dans la démarche. Son visage souriant reflétait l'éclat des sources vives du Jura.

L'allégresse naturelle de la jeune fille était cependant perturbée depuis quelque temps par de graves contrariétés. Elle se faisait beaucoup de souci au sujet de sa mère, dont la santé s'était altérée l'hiver précédent. Firmin Bailly, le guérisseur de Saint-Laurent, qui soignait Ida Paget, avait dit à Pauline: «Ma grande, il faut que tu saches que ta mère est très malade... Une maladie de femme... Dans le ventre... C'est grave... J'aurai du mal à la tirer d'affaire...»

Depuis le début du printemps, une autre inquiétude s'était ajoutée à ce problème de santé maternelle. Louis Belbenoît, le fiancé de Pauline, était devenu un insoumis traqué par la maréchaussée. Les jeunes gens s'étaient rencontrés l'année précédente en mai 1811, lors du mariage d'un ami commun. Louis était originaire de l'Abbaye-en-Grandvaux, un village sis à deux lieues de Saint-Pierre. Il exerçait le métier de menuisier avec son père, dans le petit atelier familial. Ils s'étaient fréquentés durant l'été et l'automne suivant, juré fidélité.

Malheureusement, le garçon, âgé de vingt ans, avait tiré, au mois de février 1812, un mauvais numéro lors du conseil de conscription qui s'était tenu à Saint-Laurent, au siège du canton. Un mauvais numéro, c'était l'enrôlement immédiat dans l'armée napoléonienne. La quasi-certitude d'être condamné à périr sur un lointain champ de bataille. Au mieux, de revenir estropié au pays quelque temps plus tard. De nombreux exemples illustraient ces terribles prévisions dans le Grandvaux, car beaucoup de conscrits avaient, hélas! subi ce sort tragique les années précédentes. Ça expliquait que, comme un peu partout en France, des jeunes gens malchanceux lors du tirage au sort se faisaient suppléer, lorsqu'ils en avaient les moyens, en achetant un remplaçant. D'autres, moins fortunés, de plus en plus nombreux, refusaient de partir et s'évanouissaient dans la nature.

Louis Belbenoît, d'un commun accord avec ses parents et sa fiancée, avait, à la mi-mars, décidé de ne pas rejoindre le lieu de rassemblement des conscrits en partance pour l'armée. En compagnie de Félix Piard, un camarade de son âge habitant aussi l'Abbaye-en-Grandvaux, ils avaient gagné la Frasse, un sommet boisé culminant la région. Ils s'y cachaient depuis lors dans une cabane de bûcherons. Leurs proches les ravitaillaient chaque semaine en nourriture, déposée dans une cache secrète au pied du massif.

La maréchaussée était évidemment venue enquêter au domicile des parents des deux réfractaires, ainsi qu'auprès du maire du village. Malgré les menaces formulées à l'encontre des insoumis et de leurs familles, l'intervention des gendarmes s'était soldée par un échec. Les habitants du Haut-Pays étaient de plus en plus hostiles au régime napoléonien. Ils l'abhorraient parce qu'il envoyait leurs fils à la mort. Parce qu'il réquisitionnait leur bétail, leurs chevaux, ainsi que leur matériel de roulage, pour satisfaire les besoins sans cesse croissants de son armée.

Depuis la fuite de son fiancé, Pauline appréhendait la suite des événements. Elle se demandait combien de temps durerait leur séparation. Que se passerait-il si les deux garçons se faisaient prendre? On racontait que dans certaines régions, les réfractaires étaient fusillés pour l'exemple. Que d'autres étaient envoyés au bagne. Même s'ils n'étaient pas appréhendés par la gendarmerie, les insoumis survivraient-ils aux rigueurs du prochain hiver? Que feraient-ils lorsque les crêtes de la Joux-Devant se couvriraient de deux mètres de neige? Lorsque le gel cruel ferait se fendre les arbres du massif et lorsque le lac de l'Abbaye, pris par les glaces jusque dans ses profondeurs, ferait entendre chaque nuit ses hurlements terrifiants? L'hiver précédent, le père Fèbvre, curé de la paroisse, avait relevé, certains matins, des températures de moins trente-cinq degrés centigrades sur le thermomètre installé devant la porte de l'église du village.

Ces conditions climatiques ne contraindraient-elles pas le pauvre Louis et son ami Félix à se rendre aux autorités? N'était-il pas insensé de croire qu'elle pourrait épouser un jour le garçon qu'elle aimait? Avant de la quitter, le mois précédent, celui-ci lui avait fait part d'un projet. Comme ultime recours, il avait envisagé de passer en Suisse. Devrait-elle s'exiler pour devenir sa femme? Même si Louis traversait le Risoux pour s'installer de l'autre côté de la frontière, il était exclu qu'elle cherchât à le rejoindre dans un premier temps, tant la santé de sa mère était préoccupante. Elle priait chaque soir le Bon Dieu pour lui demander la guérison de celle-là, mais aussi pour que cessent les affreuses guerres qui ensanglantaient l'Europe.

Comme elle l'avait prévu, Pauline, aidée par ses petits frères, eut le temps de rentrer et d'attacher les vaches devant leur râtelier, juste avant l'arrivée du convoi au domaine des Egarés. La première chose qui la frappa lorsqu'elle sortit dans la cour, ce fut de voir un autre conducteur que son père assis sur le siège de la voiture de tête. Elle reconnut aussitôt Guillaume Pécherey, un roulier originaire de Grande-Rivière, un village voisin.

L'homme sauta lestement en bas du chariot, prit le temps de déposer sur le sol une lourde gueuse munie d'une boucle à laquelle il attacha la bride de Lina, la jument de flèche. Derrière celle-ci, les autres attelages, accrochés à la queue leu leu, s'étaient aussi arrêtés.

Après avoir pris cette mesure de sécurité, Guillaume Pécherey ôta son large chapeau de feutre noir et, d'un pas lent, s'approcha de la famille Paget, alignée en rang d'oignons devant la façade de la ferme.

– Bonsoir à tous, grommela-t-il.

Ensuite, curieusement, il resta silencieux, en occupant ses grosses mains à lisser la lanière de son fouet.

La première à deviner que cette attitude embarrassée cachait une mauvaise nouvelle fut Ida Paget. C'était une femme sans âge, vêtue de noir, aux joues creuses, très pâles, aux cheveux gris, au regard ensablé par le temps. Elle demanda, d'une voix où transparaissait déjà l'inquiétude :

– Aristide n'est donc pas avec vous ?

De plus en plus visiblement gêné, l'autre baissa la tête et continua d'observer le même étrange mutisme. Il s'agissait d'un homme dans la trentaine, grand, fort, aux cheveux, à la barbe et à la moustache noirs, aux yeux gris surmontés de sourcils broussailleux. Il commença par se racler la gorge puis lâcha, d'une voix mal assurée :

– Non... Il est pas rev'nu...

– Pourquoi ? demanda Ida Paget, angoissée.

– Ben... C'est-à-dire... J'sais pas quand il rentrera... Il a disparu...

Chapitre II

En entendant les propos du roulier, Ida Paget eut un sursaut. Une expression d'incrédulité se peignit sur son visage émacié. Son menton aigu trembla comme si sa langue cherchait des mots qu'elle ne parvenait pas à trouver.

– Dis... Disparu?... bredouilla-t-elle.

– Oui.

– Où ça?

– Dans l'val Suzon... Sur la route de Dijon... A quatre jours d'ici...

Guillaume Pécherey baissait à nouveau la tête. Sa haute silhouette se dressait à contre-jour. Derrière lui, au-delà des clôtures de pierre entourant la ferme, le paysage s'assombrissait lentement, prenait une teinte violette. La lumière pourpre ne cernait plus que le haut des sommets lointains.

Voyant sa mère désemparée, au bord des larmes, Pauline Paget prit le relais des questions:

– Qu'est-ce qui s'est donc passé? demanda-t-elle.

– C'est arrivé mardi dernier... Avec Aristide, on faisait route ensemble depuis Troyes. La nuit d'avant, on avait dormi à l'Auberge de la Poste, à Saint-Seine-l'Abbaye. On est parti à l'aube, comme chaque matin... Lui devant avec ses six voitures, moi tout d'suite derrière... Une heure plus tard, la roue d'une de mes carrioles à déjanté... l'Aristide a voulu m'attendre, mais moi j'lui ai dit d'continuer. Qu'on s'retrouverait le soir suivant au Relais fleuri, à Dijon...

Pécherey parlait lentement, d'une voix basse, monocorde, en fixant obstinément le bout de ses gros souliers ferrés.

– M'a fallu deux bonnes heures pour réparer... Ensuite, j'ai r'pris la route...

Il soupira, hocha plusieurs fois la tête, toujours sans regarder ses interlocuteurs en face, et poursuivit:

– A une lieue plus loin, environ, en traversant un p'tit bois, j'ai vu l'attelage d'Aristide arrêté en bordure de ch'min... Je m'suis dit comme ça: «Doit avoir des emmerdements avec une de ses voitures, comme moi tout à l'heure»... Mais en avançant, j'ai pas vu Aristide... ça m'a paru bizarre... Pas dans ses habitudes d'abandonner ses ch'vaux sans surveillance, d'autant que sa Lina n'était même pas entravée... J'ai pensé: «P't'être bien qu'il est en train de poser culotte quelque part?»... J'ai attendu un bon moment, pis, comme y r'venait pas, j'ai appelé... Personne n'a répondu... J'suis rentré dans l'sous-bois... J'ai rien vu... Au moins une demi-heure est passée... J'étais de plus en plus inquiet...

Ida Paget et ses enfants écoutaient le récit du roulier avec une anxiété croissante. Tous trouvaient qu'il parlait trop lentement. Qu'il les faisait languir, comme s'il avait quelque chose de très grave à leur dire, et cherchait à retarder de plus en plus une terrible échéance. Guillaume reprit cependant, après un nouveau silence prolongé:

– Sur ces entrefaites, une calèche qu'allait en direction de Saint-Seine-l'Abbaye est arrivée... J'l'ai arrêtée... J'ai raconté l'histoire au conducteur d'la voiture... Un bourgeois de Dijon qu'allait voir ses fermiers dans l'val Suzon... On a battu ensemble les lisières du bois... Mais rien... Personne...

Le Grandvallier se racla une nouvelle fois la gorge, toujours semblait-il pour gagner un peu de temps avant d'en arriver à l'essentiel.

– En rev'nant près de l'attelage d'Aristide, j'ai trouvé son fouet dans l'herbe du talus...

Ce détail ne fit qu'accroître encore plus l'anxiété de la famille. Tous savaient en effet qu'à moins de circonstances exceptionnelles, un roulier ne se séparait jamais de son fouet.

– J'ai vu aussi, poursuivit Guillaume Pécherey, que sa caisse attachée au brancard d'la voiture de flèche était grande ouverte.. Le cad'nas forcé... Le coffre tout reveuillé[1]... Plus de portefeuille... Y avait du sang frais sur le couvercle... J'ai compris qu'Aristide avait été attaqué... Qu'on lui avait pris l'argent de ses voiturages de l'année...

La même terrible pensée traversa à cet instant l'esprit des Paget. Le père s'était fait détrousser! Il avait subi un mauvais sort!

La suite des propos du roulier confirma leurs craintes:

– Le bourgeois m'a dit comme ça: «M'étonnerait pas qu'on ait attaqué votre compagnon... C'est arrivé quelquefois sur cette route... Des bandits de grand chemin... J'vais pousser jusqu'à Saint-Seine-l'Abbaye pour avertir la gendarmerie...»

L'angoisse avait pris le pas sur l'inquiétude dans le cœur des membres de la famille. Ils restaient figés, saisis par une implacable fatalité.

– Les gendarmes sont arrivés au galop deux heures après... Ils ont commencé par fouiller les sous-bois... Sans résultat, comme moi... Ensuite ils m'ont d'mandé de r'venir avec eux à Saint-Seine-l'Abbaye... J'ai emmené aussi l'attelage d'Aristide.

Guillaume Pécherey se racla une nouvelle fois la gorge et cracha sur le sol. Une lueur mauvaise passa dans ses yeux.

– Y m'ont gardé deux jours et deux nuits à la brigade... Y m'ont posé des tas de questions... Toujours les mêmes... Depuis quand je connaissais Aristide?... Ce qui s'était passé les jours d'avant?... Combien d'argent il avait dans sa caisse?...

Il s'interrompit un court instant, puis s'emporta et lança un juron:

---

[1] Sens dessus dessous, en patois franc-comtois.

– Bon Dieu ! Comme si j'avais su ça, moi ! Jamais l'Aristide ne m'avait parlé de ses affaires ! Vous l'connaissez, vous autres, c'était pas un causant ! Pas du genre à s'vanter de ce qu'il avait dans sa caisse !

Pour la première fois depuis qu'il parlait, Guillaume Pécherey avait changé de ton et de débit. Ce moment d'indignation passé, il reprit plus calmement le cours de son récit :

– Au début, ils m'ont tellement entortillé que j'savais plus où j'en étais !... J'ai eu l'impression qu'ils me soupçonnaient d'avoir assassiné l'Aristide pour lui prendre ses sous !... C'est-y Dieu possible ? Ils ont fini par admettre que j'étais pour rien dans cette histoire... Y m'ont r'lâché au bout de deux jours et de deux nuits... J'ai r'pris la route avec les attelages et me r'voilà au pays... Si c'est Dieu possible, une chose pareille !

Tandis que le roulier parlait, le crépuscule s'était installé sournoisement sur le plateau du Grandvaux. Une petite brise nocturne, sortie de l'ombre des sapinières, venait de se lever et fraîchissait l'atmosphère. La morne marée de l'obscurité rendait plus oppressant encore le silence qui s'était appesanti sur les membres de la famille Paget.

Un peu comme une noyée tente un dernier geste désespéré avant de sombrer, la mère tendit à cet instant vers le roulier ses pauvres mains déformées par l'arthrite.

– Mais mon Aristide ? Où est-il ? Où est-il ? demanda-t-elle d'une vois désespérée.

– J'en sais foutre rien, madame Paget... Foutre rien... Les gendarmes non plus d'ailleurs... Y m'ont dit qu'ils allaient continuer leurs recherches... Mais pour l'instant personne ne sait ce qu'Aristide est devenu !...

Puis, pour essayer de rassurer son interlocutrice, il ajouta très vite à ce propos :

– P't'être bien que les autres l'ont emmené quelque part ?... Qu'ils le relâcheront plus tard ?...

L'argument était si peu crédible, le ton si peu convaincant, qu'elle n'en crut rien. Elle eut une exclamation horrifiée qui glaça le sang de tous les siens:

– Ils l'ont tué! Ils l'ont tué!

Pauline se précipita vers sa mère, la soutint dans ses bras au moment où elle vacillait, brisée de douleur.

De plus en plus mal à l'aise face aux conséquences du drame qu'il venait d'engendrer, Guillaume Pécherey n'eut brusquement qu'une idée en tête: partir! Partir pour échapper à d'autres questions, d'autres explications auxquelles il était incapable de répondre.

– Voilà... C'est tout c'que j'sais... tout c'que j'avais à vous dire... J'en sais pas plus...

Après s'être ainsi maladroitement justifié, Guillaume Pécherey se dandina un peu sur ses grandes jambes et ajouta:

– A présent, faut que j'rentre avant qu'y fasse trop nuit... J'ai encore un bon bout d'chemin à faire d'ici Grande-Rivière, où ma femme m'attend... Je r'grette de pas en savoir plus au sujet de ce pauvre Aristide... Bonsoir à tous...

Il se tint encore un court instant immobile et silencieux dans le contre-jour, telle la noire image d'un mauvais ange. Puis il tourna les talons et se dirigea vers le convoi. Il détacha son attelage de celui des Paget, prit place sur le siège de sa propre voiture de tête et, sur un simple coup de fouet, mit l'ensemble de ses bêtes en mouvement.

La mère et ses trois enfants regardèrent les chars s'éloigner, s'enfoncer dans le soir ténébreux. Ida Paget s'était un peu ressaisie. Elle essuya ses larmes avec le coin de son tablier et, retrouvant le sens de ses responsabilités, dit, avant de regagner lentement la cuisine de la ferme:

– Séverin, Gustave, aidez votre sœur à rentrer les voitures dans la grange et à dételer... Les chevaux doivent être fatigués. Ce soir, faudra leur donner une bonne ration d'avoine...

Chapitre III

Pauline attendit que le guérisseur soit sorti de la chambre pour l'interroger sur la maladie de sa mère.

– Que pensez-vous de son état, monsieur Bailly ?

Le grand vieillard, droit et robuste, à la barbe, aux moustaches et aux cheveux blancs hocha gravement la tête et esquissa une moue dubitative.

– La pauvre est bien mal en point. Ce qui vient d'arriver à ton père n'est guère fait pour améliorer son état. Elle n'avait pas besoin de ça. Malgré sa force de caractère, ça lui a donné moralement un sale coup.

– C'est vrai... Depuis une semaine, elle se fait beaucoup de souci pour lui. Elle n'arrête pas d'en parler. J'ai beau essayer de lui dire qu'il est peut-être encore en vie, elle le croit mort, assassiné quelque part par des bandits de grand chemin...

Pauline Paget soupira et ajouta :

– Moi aussi, d'ailleurs, je suis dans la même incertitude et je n'ai guère d'espoir de revoir papa... C'est terrible de vivre ainsi dans le doute... De ne pas savoir ce qu'il est devenu !

– Qui vous a appris sa disparition ?

– Guillaume Pécherey.

– Le Pécherey de Grande-Rivière ?

– Oui. C'est lui qui nous a annoncé que mon père avait été victime d'une agression sur la route de Troyes à Dijon... Qu'on l'avait dévalisé... Dépouillé de l'argent de tous ses voiturages de l'année. Guillaume Pécherey nous a dit que ni lui ni personne d'autre ne savaient ce que papa était devenu, mais qu'il y avait des traces de sang suspectes sur le couvercle du coffre fracturé...

Firmin Bailly la regarda avec l'air surpris de quelqu'un à qui l'on vient de dévoiler un aspect ignoré du problème. Son visage empreint de calme et de sérénité reflétait à présent une profonde perplexité.

– Pécherey était un ami de ton père?

– Non. Pas que je sache. La veille, ils s'étaient simplement retrouvés dans la même auberge, à Saint-Seine-l'Abbaye. Le lendemain, ils sont repartis ensemble. Mais Pécherey a déjanté l'une de ses roues. Papa a continué sa route tout seul. Beaucoup plus tard, Pécherey a trouvé l'attelage de mon père abandonné au milieu d'un bois... Il a vu aussi qu'on avait fracturé le coffre de la voiture de tête dans lequel se trouvait l'argent de ses tournées.

Le visage du vieux guérisseur reflétait toujours une attention soutenue. Cependant, des pensées indéchiffrables assombrissaient son regard gris.

– Est-ce que la gendarmerie locale a mené une enquête sur les circonstances de cette agression et de cette disparition?

– Oui, la brigade de Saint-Seine-L'Abbaye a été avertie durant les heures qui ont suivi. Les gendarmes ont fouillé partout dans les bois. Sans rien trouver. Ils ont emmené Pécherey avec eux. Ils l'ont interrogé pendant deux jours et deux nuits pour savoir ce qu'il savait de l'affaire. Même que Guillaume n'était pas très content d'avoir été retenu si longtemps...

– Ensuite, que s'est-il passé?

– Ils l'ont relâché et il a repris la route du pays avec son attelage et celui de mon père.

Firmin Bailly hocha à nouveau la tête et dit, sans grande conviction:

– S'ils l'ont relâché, c'est sans doute parce qu'il l'ont cru, qu'ils n'ont rien trouvé à lui reprocher...

Le ton du vieil homme démentait ses propos. Pauline devina les pensées qu'il n'exprimait pas. Elle fut brusquement frappée elle-même par une idée encore imprécise. Un souvenir lointain lui revint en mémoire.

Elle se souvint qu'une dizaine d'années auparavant, alors qu'elle était encore enfant, elle avait entendu parler d'une histoire bizarre qui avait fait grand bruit dans la région. Le nommé Guillaume Pécherey avait été mêlé à une sale affaire. Un roulier de Saint-Laurent, nommé Ernest Morel, l'avait accusé de l'avoir enivré dans un cabaret de Lyon et dépouillé de son portefeuille bien garni. Une bagarre avait opposé les deux hommes sur les quais du Rhône, à la suite de laquelle Morel était tombé dans le fleuve et s'y était noyé. Des témoins avaient vu les antagonistes en train de se battre, mais personne n'avait pu dire si Pécherey avait poussé son adversaire à l'eau ou si celui-ci y était involontairement tombé. Mis en accusation par la justice, le roulier de Grande-Rivière s'était défendu comme un diable et on avait fini par le relaxer un peu plus tard, faute de preuves. Par contre, depuis cette époque, tous les voituriers du Grandvaux tenaient leurs distances avec Pécherey, auquel cette histoire non élucidée collait à la mauvaise réputation. Aristide Paget lui-même ne pensait pas grand bien du personnage et ne l'avait plus jamais fréquenté.

Plus encore que ses paroles, le regard sceptique de Firmin Bailly éveillèrent brusquement un terrible soupçon dans l'esprit de la jeune fille. Elle pâlit et demanda:

– Vous pensez que Guillaume Pécherey?...

Elle n'acheva pas sa question, mais il en comprit très bien le sens.

– Difficile d'accuser quelqu'un sans preuve parce que son passé n'est pas très net, répondit-il avec beaucoup de sagesse. D'ailleurs, rien ne dit que ton père ne reviendra pas un jour prochain? Il est peut-être retenu quelque part pour des raisons que vous ignorez? J'espère cependant que toute la vérité sera faite sur sa disparition.

Changeant de conversation, il ajouta:

– En ce qui concerne ta mère, son état ne s'est, hélas ! guère amélioré depuis ma dernière visite.

– Vous pensez qu'elle guérira ?

– Je n'en sais rien. Je ne suis pas le Bon Dieu. Lui seul peut faire des miracles. C'est la raison pour laquelle il faudra prier pour elle. C'est une femme très courageuse. Elle doit beaucoup souffrir, mais elle ne se plaint guère.

– C'est vrai, dit Pauline. Lorsque je lui demande si elle souffre, elle me répond toujours : « Ne t'inquiète pas, ça va aller. » Pourtant, lorsqu'elle se croit seule, il m'arrive parfois de l'entendre geindre.

Le guérisseur sortit un petit sachet de toile d'une des poches de sa redingote. Il le remit à la jeune fille.

– Tu lui donneras une pincée de cette poudre matin et soir dans un bol de lait chaud. C'est une nouvelle mixture que j'ai préparée spécialement pour elle. Ça devrait calmer un peu ses douleurs.

Comme le guérisseur s'apprêtait à quitter la maison, Pauline lui demanda :

– Je vous dois quelque chose, monsieur Bailly ?

– Non, petite. Ton grand-père était mon ami, ton père aussi. Je ne leur ai jamais rien demandé lorsqu'ils ont eu recours à moi dans le passé. Ce n'est pas aujourd'hui que vous êtes dans la peine que je vais changer mes habitudes. Je reviendrai voir ta mère dans trois jours. En attendant, veille bien sur elle et fais ce que je t'ai dit.

L'instant d'après, Pauline accompagna le visiteur sur le seuil de la cuisine. Elle le vit prendre place à bord d'un coupé qu'il avait garé dans la cour de la ferme. Il secoua les rênes de son cheval qui se mit à trotter et emprunta le chemin se dirigeant vers le hameau de Salave.

Il faisait un temps maussade sur le Grandvaux ce matin-là. Un balcon de nuages tenaces restait accroché depuis la veille contre les flancs de la Joux-Devant. A chaque instant, des ondées brèves mêlées au souffle d'un vent frais s'abattaient sur la lande.

Lorsque la voiture se fut éloignée, la jeune fille referma la porte et gagna la chambre voisine. Elle eut la surprise d'y trouver sa mère debout, en train de se vêtir. Elle était si faible qu'elle se tenait d'une main au dossier d'une chaise pour ne pas vaciller.

– Pourquoi t'es-tu levée, maman? demanda Pauline. Tu as besoin de te reposer.

– Monsieur Bailly ne m'a pas dit de rester couchée toute la journée. D'ailleurs, il ne m'a pas trouvée plus mal en point que la semaine dernière. Moi aussi, je me sens un peu mieux.

La maigreur, la pâleur, l'extrême faiblesse de la pauvre femme, ses yeux cernés, autant marqués par le chagrin que par la maladie, démentaient ses propos rassurants.

– Demain, dit-elle, je m'occuperai de la traite du matin avec Séverin. Comme ça, tu pourras te rendre à l'Abbaye. Ça te changera un peu les idées.

– Maman, je t'ai déjà dit que ça ne me faisait rien de ne pas aller à l'Abbaye. Compte tenu des circonstances, la sœur de Louis et ses parents comprendront très bien que je n'aie pas tenu à assister à la cérémonie.

Ayant achevé de s'habiller, la malade, que cet effort avait fatiguée, s'assit un instant sur la chaise qui se trouvait au pied de son lit. Elle reprit un peu son souffle avant de poursuivre:

– Il n'est pas question de te sacrifier pour moi. Puisque ta future belle-sœur t'a invitée au baptême de sa fille, tu dois y aller.

– Ce que tu dis n'est pas raisonnable, maman... Demain, en trayant les vaches, tu risques de te fatiguer... Ce n'est pas parce que tu te sens un peu mieux qu'il faut commettre une imprudence.

– Je tiens à ce que tu ailles à ce baptême. Je suis sûre que s'il était là, ton père serait de mon avis. A l'Abbaye, monsieur et madame Belbenoît, tes futurs beaux-parents, seront heureux de te revoir. Et puis, ils auront sans doute reçu des nouvelles fraîches de leur fils.

La jeune fille réfléchit encore un instant avant d'accepter cette proposition, qui la mettait mal à l'aise. Elle avait reçu trois jours plus tôt la lettre de Francine, la sœur de son fiancé, l'invitant au baptême qui aurait lieu le lendemain, dimanche de Pâques, en l'église de l'Abbaye-en-Grandvaux. N'ayant pas le cœur à participer à une fête familiale en raison de la disparition de son père et de l'état de santé de sa mère, elle avait décidé immédiatement de décliner l'invitation.

Ida Paget comprit très bien dans quel état d'esprit se trouvait sa fille. Elle insista à nouveau, en essayant de raffermir sa voix :

– Je te le répète, il faut aller à ce baptême. Lorsqu'il apprendra que tu y as assisté, ton fiancé sera content. Il verra que malgré les événements qui vous séparent, tu ne l'oublies pas.

Cet argument décida Pauline.

– C'est bon, dit-elle. Je partirai demain matin de très bonne heure. Je tiens en effet à faire un détour par Grande-Rivière. Il faut que je revoie Guillaume Pécherey, car j'ai des questions à lui poser concernant la disparition de papa !

Chapitre IV

Pauline se mit en route à l'heure où la lune s'effaçait discrètement pour faire place à la clarté du jour sur les cimes de la Joux-Devant. La bise s'était levée durant la nuit. Elle avait chassé les nuages accrochés la veille contre la montagne. Un matin de printemps limpide s'installait sur le plateau du Grandvaux, où la forte rosée laissait encore son sillage irisé sur les pâturages.

La jeune fille avait attelé à son cabriolet Lina, la jument préférée de son père. C'était la première fois que la bête docile reprenait la route depuis le retour de l'attelage à la ferme des Egarés. Elle ne la mit pas au trot. Elle prendrait tout son temps pour arriver à Grande-Rivière, village distant d'un peu moins de deux lieues de celui de Saint-Pierre. Elle tenait à réfléchir en chemin à la démarche qu'elle effectuerait avant de rejoindre la maison des parents de son fiancé à l'Abbaye-en-Grandvaux, où se déroulerait le baptême.

Après sa conversation avec M. Bailly, elle avait longuement ressassé ses propos. Son sommeil s'en était trouvé perturbé. Elle s'était remémoré tout ce qu'elle savait du passé trouble de Guillaume Pécherey. Elle en gardait un profond malaise. Elle s'était cependant bien gardée de faire part de ses doutes à sa mère. La malheureuse n'avait pas besoin qu'on ajoute de nouveaux tourments à son désespoir.

Ida Paget s'était levée à l'aube ce jour-là. Elle avait courageusement entrepris la traite matinale des vaches en compagnie de son fils Séverin, tandis que Pauline s'occupait des chevaux. L'aîné des garçons était travailleur et réfléchi. Il prenait de jour en jour un peu plus conscience que la disparition de son père et la maladie de sa mère lui créaient de nouvelles obligations.

Tout en roulant sur la route sinueuse où les voitures avaient creusé deux sillons parallèles sur la chaussée empierrée, Pauline continuait de réfléchir. Une idée fixe la hantait: celle de la culpabilité de Guillaume Pécherey dans l'agression dont son père avait été victime. Elle se demandait si le roulier de Grande-Rivière ne s'était pas attaqué à lui comme il l'avait fait, une dizaine d'années auparavant, contre un autre compagnon de route. Cette fois encore, le guet-apens avait été perpétré sur le chemin du retour. Au moment où sa victime était porteuse d'une somme importante représentant le chiffre d'affaires réalisé durant la saison de roulage.

Bien décidée à en avoir le cœur net, Pauline allait tenter d'éclaircir le mystère en posant des questions à Guillaume Pécherey. Selon ses réponses, elle aviserait la gendarmerie de Saint-Laurent de ses doutes afin qu'ils interrogent à leur tour celui qu'elle soupçonnait d'être à l'origine de la disparition de son père.

Tandis que la jeune fille s'absorbait dans ses réflexions, la jument, allant librement son train, amena le cabriolet à l'entrée du village de Grande-Rivière. Celui-ci ne constituait pas une agglomération regroupée, mais une longue suite d'habitations échelonnées de chaque côté de la route. Toutes les maisons se ressemblaient. Des fermes lourdes, puissantes, couvertes de bardeaux et de tavaillons. Les gens qui les avaient construites savaient de quel côté du Grandvaux venait le vent désagréable et les rafales de neige. Devant chacune d'entre elles, des tas de fumier, plus ou moins gros selon l'importance du cheptel, donnaient la mesure de la prospérité des habitants.

A l'entrée du pays, Pauline demanda à un gamin l'endroit où se trouvait la maison de Guillaume Pécherey. L'enfant lui désigna une ferme située à l'écart du village, accrochée au versant d'une éminence.

La jeune fille engagea la jument sur le chemin étroit et raide qui grimpait vers la bâtisse. A l'approche du cabriolet, un chien berger à poils longs, hirsute et ramassé sur pattes, se mit à courir à sa rencontre en aboyant furieusement.

Une femme petite, encore jeune mais déjà toute vêtue de noir, parut dans l'embrasure de la porte d'entrée. Pauline arrêta sa jument au milieu de la cour et sauta à bas de la voiture. Sa mère ayant refusé qu'elle porte le deuil de son père sans savoir s'il était mort ou vivant, elle était vêtue ce matin-là d'une fort belle robe bleue à volants qui mettait en valeur les formes parfaites de son corps. Elle était aussi chaussée de jolies bottines. Ainsi vêtue, elle avait l'allure d'une élégante citadine.

En s'approchant de la maison, Pauline vit mieux la femme qui l'attendait sur le seuil, à présent flanquée de trois jeunes enfants et du chien, qui continuait d'aboyer. C'était une personne un peu grasse, échevelée, avec un visage disgracieux, un regard noir, sournois.

– Tais ta gueule, toi! lança-t-elle méchamment au chien en lui décochant un violent coup de pied dans le flanc, ce qui eut pour effet de le faire partir en gémissant de douleur.

– Vous êtes madame Pécherey? demanda Pauline.

– Oui.

– Je voudrais parler à monsieur Pécherey.

Le visage de la femme se renfrogna aussitôt. Une lueur mauvaise traversa son regard torve.

– Qu'est-ce que vous lui voulez, à mon homme?

– M'entretenir avec lui d'un problème qui le concerne.

– Vous êtes une de ses garces?

La question reflétait la jalousie, l'animosité d'une femme laide et trompée face à une supposée rivale.

– Je suis Pauline Paget.

– Et alors? Qu'est-ce que vous voulez que ça me foute?

– Votre mari ne vous a pas dit?...

– Quoi?

– Ce qui est arrivé à mon père.

– Non, il ne me raconte jamais ses affaires... Pas plus avec les hommes qu'avec les femmes... fit-elle en esquissant un geste de dérision.

Pauline Paget reprit:

– Mon père a disparu alors qu'il faisait route avec monsieur Pécherey. J'aimerais m'entretenir à nouveau avec lui de cette disparition.

La mégère parut hésiter entre refus et acceptation. Après un temps de réflexion, elle finit par répondre:

– J'vais voir ce qu'il en pense... Attendez là!

Elle tourna les talons et rentra dans la cuisine de la maison. Seuls les trois gamins, dont les âges s'échelonnaient approximativement de deux à cinq ans, restèrent sur le seuil. Ils étaient tous malingres et sales, vêtus de haillons. Pauline leur sourit, mais ils ne répondirent pas à cette marque de sympathie. Ils continuèrent de la regarder de leurs grands yeux attentifs, vaguement craintifs.

La femme reparut peu après. Elle lança:

– Y veut bien. Pouvez rentrer!

Pauline passa entre les gamins et pénétra à l'intérieur d'une vaste mais très sombre pièce seulement éclairée par une minuscule fenêtre. Elle était en cela semblable à la plupart des maisons grandvallières car, en raison des rigueurs du climat, les cuisines et les chambres des fermes offraient le moins de prises possibles au froid extérieur.

Malgré la pénombre, la jeune fille fut immédiatement frappée par la saleté et le désordre qui régnaient dans la pièce. La table était encombrée de vaisselle malpropre, de bouteilles vides. Du linge souillé, des vêtements froissés traînaient sur les chaises et sur les bancs. Le sol, en terre battue, n'avait sans doute pas été balayé depuis longtemps, car il était jonché de toutes sortes d'immondices.

Guillaume Pécherey était assis sur un tabouret bas, devant la fenêtre. Il tenait un collier de cheval serré entre ses grandes jambes et s'affairait à recoudre à l'aide d'une longue alêne un bourrelet défait d'où s'échappaient des touffes de crin.

– Qu'est-ce que tu me veux? demanda-t-il d'un ton aigre, sans lever les yeux de son travail.

La brièveté de la question décontenança un peu Pauline.

– Vous... vous devez bien vous en douter, dit-elle. C'est au sujet de mon père...

– J'vous ai tout dit c'que j'savais. J'ai plus rien à dire!

– J'ai quand même besoin d'en savoir un peu plus, insista-t-elle.

– Quoi?

– Comment se fait-il que mon père, qui n'était pas un de vos amis, ait fait route avec vous le jour de sa disparition?

Cette fois, il releva vivement la tête et la regarda un instant de travers avant de répondre:

– On était pas amis, mais pas ennemis non plus... Sans être cul et ch'mise, les rouliers du Grandvaux savent se donner un coup d'main quand il faut!

Pauline n'insista pas. Elle passa à une autre question:

– Ces bandits de grand chemin qui auraient agressé mon père, les gendarmes de Saint-Seine-l'Abbaye vous en ont parlé?

– Oui.

– Combien sont-ils? Ont-ils déjà enlevé d'autres gens?

– J'en sais rien, moi!

Il se tut quelques secondes, puis lança grossièrement:

– Tu m'emmerdes, toi, avec tes questions! J'ai déjà dit que je n'savais pas où ton père était passé! Merde! Comment faut-il que je l'répète?

Sans tenir compte de cette question ordurière, la jeune fille insista encore:

– Est-ce que les gendarmes de Saint-Laurent sont déjà venus vous interroger au sujet de mon père?

La question le piqua manifestement au vif. Il sursauta et s'empressa de répliquer :

– Pourquoi qu'y m'interrogeraient ? Je m'demande bien ! J'y suis pour rien, moi, dans cette histoire !

Puis il ajouta :

– Si l'Aristide vous a abandonnés pour partir avec une gueuse, c'est pas mon affaire !

Cette accusation perfide révolta Pauline. Indignée, elle éleva aussitôt le ton :

– Pourquoi dites-vous une chose pareille ? C'est de la calomnie ! Vous mentez ! C'est vous qui avez agressé mon père pour lui prendre son argent ! J'en suis sûre ! Il y a dix ans, à Lyon, vous avez déjà fait la même chose avec un autre roulier ! Avec Ernest Morel !

Guillaume Pécherey se leva, comme catapulté par un ressort. Il renversa son tabouret, envoya valser à travers la pièce le collier de cheval qu'il était en train de réparer.

– Qu'est-ce que tu dis, vérole ? Répète un peu !

Grand, massif, le visage empourpré par un brusque afflux sanguin, la bouche haineuse, les yeux d'une intensité insoutenable sous ses sourcils épais, il la dominait d'une tête. Il avait gardé sa longue alêne à la main et la tenait comme une dague.

Dans le silence le plus absolu, ils restèrent quelques instants à s'observer avec défiance, chacun supputant la détermination de l'autre.

Témoins passifs de la scène, la femme et les enfants ne bronchaient pas. Sans doute étaient-ils habitués depuis longtemps aux sautes d'humeur, aux emportements du maître de maison.

– Oui, parfaitement, monsieur Pécherey, je suis persuadée que vous êtes à l'origine de la disparition de mon père !

Cette affirmation eut pour conséquence de décupler la colère du colosse. Il fit un pas vers la jeune fille, en braquant cette fois la pointe acérée de son outil contre la poitrine de la jeune fille.

– Non, Guillaume ! Fais pas ça ! cria la femme en se précipitant pour s'interposer entre les deux antagonistes.

Il tenta de la repousser d'un revers de coude, mais elle s'accrocha à lui.

– Laisse-moi faire ! hurla-t-il. J'vais la crever ! J'vais la crever c't'ordure !

Ce disant, il essaya à nouveau de se débarrasser de son épouse, mais elle ne lacha pas sa blouse de roulier. Effrayés par la violence de l'incident, les trois enfants se mirent tous à pleurer. Leur peur ramena Pécherey à la réalité. Il comprit qu'il ne pouvait guère mettre son sinistre projet à exécution devant sa progéniture. Sa haine irraisonnée ne disparut pas pour autant.

– Fous le camp, saleté ! hurla-t-il. Ne remets jamais les pieds ici ou je te tue ! Et ne t'avise pas d'aller raconter des conneries aux gendarmes de Saint-Laurent, car j'aurai ta peau et celles de tes frères !

Le drame redouté ne s'étant pas produit, la femme s'employa aussitôt à repousser la visiteuse vers la sortie. Toujours très calme, très sûre d'elle, Pauline battit en retraite sans précipitation, mais suivie par Pécherey. Au moment où elle s'apprêtait à franchir le seuil de la cuisine, un objet attira son attention. Il s'agissait d'une petite croix en or accrochée au cou du roulier. Au moment où sa femme s'était suspendue à sa blouse, le haut du col s'était ouvert et laissait à présent apparaître le bijou.

La jeune fille reconnut immédiatement l'ornement de forme très originale que son père portait sur lui depuis des années. C'était une croix pattée, aux quatre branches évasées, un objet qui lui avait été offert autrefois par un aristocrate originaire d'Amange, dans le nord du Jura, auquel il avait permis de franchir clandestinement sans encombre la frontière suisse durant la Révolution.

– D'où tenez-vous cela ? questionna-t-elle d'une voix nouée par l'émotion.

– Qu'est-ce que ça peut te foutre ?

– Cette croix appartient à mon père !

– Non, mais dis-donc, est-ce que tu vas continuer à m'emmerder encore longtemps avec tes histoires ? répéta-t-il. Je t'ai dit de foutre le camp ! Décampe ou t'es morte !

Pécherey fit un nouveau pas en direction de la jeune fille, l'alêne pointée, le meurtre au fond des yeux.

Pauline comprit que cette fois rien ne le retiendrait. Qu'il mettrait sa menace à exécution. Elle s'empressa de tourner les talons, rejoignit son cabriolet en quelques enjambées et grimpa sur le siège. Le roulier la suivit dans la cour, chercha à saisir la bride du cheval pour l'empêcher de partir. La conductrice fut plus rapide. Elle le cingla d'un coup de fouet qui l'obligea à s'écarter, puis, secouant les rênes, elle mit sa jument au galop et s'élança à vive allure en direction de l'Abbaye-en-Grandvaux, consciente d'avoir échappé à la mort.

Chapitre V

Après l'épisode qu'elle venait de vivre, Pauline Paget n'éprouvait plus aucun doute concernant l'implication de Guillaume Pécherey dans la disparition de son père. La petite croix en or que le roulier portait autour du cou en était la preuve formelle. Elle était sûre que ce bijou avait été volé. Il s'agissait d'un modèle unique dont elle connaissait l'histoire. Cette croix de forme pattée figurait dans les armoiries du comte Bertrand de Lantenans, un aristocrate originaire d'Amange, dans le nord du Jura. Aristide Paget l'avait sauvé vingt ans plus tôt de la guillotine en l'aidant à traverser le massif du Risoux pour passer en Suisse. En remerciement, le ci-devant lui avait donné cette croix, à laquelle il était très attaché. Depuis cette époque, le père de Pauline la portait toujours au cou et la considérait comme une sorte de talisman. Etant exclu qu'il ait pu s'en séparer volontairement, la jeune fille avait à présent la certitude qu'on la lui avait dérobée.

Cette constatation n'était pas faite pour la rassurer. Si Pécherey était en possession du bijou, c'est qu'il l'avait pris par la force. Elle éprouvait de plus en plus le terrible pressentiment que le roulier de Grande-Rivière avait tué son père.

Aussitôt après avoir quitté la ferme de Guillaume Pécherey, Pauline, bouleversée, eut la tentation de rebrousser chemin et de rejoindre Saint-Laurent-en-Grandvaux pour y avertir la maréchaussée de ce qu'elle venait d'apprendre. Finalement, elle décida de ne pas modifier son projet et d'assister comme prévu à la cérémonie du baptême de la petite Rolande, sa future nièce.

Elle attendrait le lendemain pour aller confier aux gendarmes du canton les soupçons qu'elle portait contre le roulier de Grande-Rivière.

Une autre surprise, celle-ci plus agréable, l'attendait au domicile de la famille Belbenoît, à l'Abbaye-en-Grandvaux. Louis, son fiancé, avait abandonné pour quelques heures son refuge dans la montagne afin d'assister à la petite fête familiale prévue ce dimanche. Déjà fortement ébranlée par les événements qu'elle venait de subir, la jeune fille ne put contenir ses larmes en retrouvant celui qu'elle aimait et qu'elle n'espérait plus revoir avant longtemps.

L'insoumis avait physiquement forci depuis sa fuite. L'activité de bûcheron qu'il pratiquait dans la montagne lui avait fait prendre de la carrure. Il s'était aussi laissé pousser la barbe et la moustache, ce qui lui allait bien. Ses vêtements manquaient par contre d'élégance, car dans les bois de la Joux-Devant, il valait mieux porter des habits chauds que des habits du dimanche.

Pour ne pas gâcher la cérémonie qui allait suivre, Pauline évita de parler de la disparition de son père et des événements pénibles qu'elle venait de vivre quelques instants plus tôt à Grande-Rivière.

Louis ne se fit par contre pas prier pour évoquer les détails de son existence d'homme des bois. Il raconta à sa fiancée comment s'organisait sa vie dans la montagne en compagnie de son ami Félix Piard. Au début, ils avaient restauré une vieille cabane sise à la crête d'une falaise, au lieu-dit la Frasse. On ne pouvait y accéder que par un sentier étroit connu seulement de quelques forestiers. En cas de danger, une échelle de corde leur permettrait de quitter rapidement l'endroit.

Chaque matin, les deux garçons abandonnaient leur nid d'aigle et descendaient jusqu'à une coupe en exploitation à environ une lieue de leur refuge. Ils y travaillaient à l'abattage de grands épicéas pour le compte d'un propriétaire forestier, qui n'était autre qu'un des oncles de Félix Piard. Outre le modeste salaire qu'il leur versait pour leur travail, l'exploitant s'occupait de les ravitailler chaque semaine en nourriture. Pour améliorer leur ordinaire, les insoumis avaient aussi appris à piéger le gibier. Bien qu'ils se fussent adaptés facilement à cette fruste existence, les deux garçons n'en éprouvaient pas moins de la nostalgie pour celle qu'ils menaient autrefois au sein de leurs familles, de leur village. L'avenir aussi les préoccupait. Durant combien de temps seraient-ils obligés de se cacher? La gendarmerie finirait-elle par relâcher son étreinte? Bénéficieraient-ils d'une amnistie, comme cela s'était déjà produit à l'occasion d'un événement dynastique l'année précédente lors de la naissance du roi de Rome, le premier enfant de Napoléon 1er?

Louis pensait qu'ils pourraient tenir sans difficultés jusqu'à l'automne suivant. Ensuite, lorsque l'hiver serait venu, il leur faudrait soit regagner leur domicile et s'y terrer jusqu'au printemps, soit émigrer en Suisse comme l'avaient fait beaucoup d'autres jeunes gens de la région, réfractaires à l'enrôlement .

La situation des deux insoumis restait donc malgré tout extrêmement précaire. Les gendarmes les recherchaient toujours. Il faisaient de fréquentes incursions aux domiciles de leurs proches. Ils perquisitionnaient les maisons de fond en comble, interrogeaient les voisins. Certes, la plupart des habitants de l'Abbaye-en-Grandvaux étaient hostiles aux réquisitions et à la conscription. Cependant, un certain nombre d'entre eux n'approuvaient pas les réfractaires et les déserteurs. C'était ceux dont les enfants avaient été enrôlés de force dans les troupes impériales. Il y avait aussi des individus méprisables, prêts à dénoncer les conscrits en rupture de ban, afin de toucher la prime substantielle récompensant les délateurs.

Pour rendre visite aux siens à l'occasion du baptême, Louis Belbenoît avait donc pris un maximum de précautions. Il était descendu de nuit de la montagne et n'avait traversé les rues du village qu'aux premières lueurs de l'aube. Il était aussi exclu qu'il assistât à la messe pascale et à la cérémonie religieuse du baptême de sa petite nièce. Parmi les paroissiens, plusieurs d'entre eux, dont le maire du village, étaient de farouches partisans de Napoléon. Il ne les provoquerait pas par sa présence à l'office.

Pauline accompagna donc seule la famille Belbenoît à l'église de l'Abbaye-en-Grandvaux, où eut lieu le baptême de la petite Rolande.

Le repas qui suivit la cérémonie rassembla une bonne trentaine de parents et d'amis dans la grande maison dominant le lac, que le soleil, dans son apothéose, illuminait ce jour-là de reflets moirés. La vaste demeure abritait à la fois l'atelier de menuiserie du père de Louis et l'écurie où logeaiten les chevaux servant au transport des planches et des poutres dont les piles s'entassaient dans la cour.

Un plantureux banquet préparé la veille par les femmes de la famille fut apprécié des convives. Parmi ceux-ci se trouvait le brave abbé Fèbvre, curé de la paroisse, l'officiant du baptême. Il y avait aussi trois jeunes enfants, deux adorables fillettes de quatre ou cinq ans et un garçonnet d'environ sept ans. Tous étaient neveu et nièces de la maman de la petite Rolande.

Assis côte à côte, Louis et Pauline ne cessèrent de deviser à voix basse durant le repas. Le plus disert fut le garçon. Il raconta non seulement à sa promise sa vie d'homme des bois, mais il évoqua aussi les projets échafaudés pour leur avenir commun.

Le jeune homme ne fut cependant pas sans remarquer l'air triste de sa fiancée. Elle d'ordinaire si gaie ne riait presque pas. Au début, il mit son mutisme, sa morosité sur son désenchantement. Sans doute pensait-elle en cette seconde quinzaine d'avril 1812, qu'à cette époque ils auraient dû être en pleine préparation de leur mariage. Ils avaient en effet prévu l'année précédente que leurs épousailles auraient lieu début mai. Le tirage au sort anticipé des conscrits de 1812, sa fuite dans la montagne avaient tout remis en question. La jeune fille devait certainement se demander si leur union pourrait se réaliser un jour.

Pressée de questions, Pauline finit par révéler à Louis ce qui la préoccupait. Jusqu'ici elle n'avait parlé à aucun membre de la famille Belbenoît de la disparition de son père afin de ne pas troubler leur petite fête. Elle se résolut finalement à raconter l'affaire à son fiancé. Celui-ci comprit aussitôt les raisons du manque d'entrain de la jeune fille. Il réalisa à quel point elle était inquiète au sujet de son père. Louis fut désolé en apprenant cette nouvelle. Il se demanda comment il pourrait rassurer Pauline et calmer son angoisse. Mais il ne sut que dire. Comme si les mots maladroits qu'il prononcerait risquaient d'aviver encore la souffrance intérieure de sa bien aimée. Il se rendit bien compte que la disparition de son futur beau-père ne s'expliquait que par une agression. La jeune fille ne lui ayant pas fait part des soupçons qu'elle portait sur Guillaume Pécherey, il en fut réduit à l'hypothèse d'un guet-apens tendu à Aristide Paget par des brigands de grand chemin.

On en arriva au dessert. Dans la vaste pièce où se tenait le banquet, la bonne chère, le bon vin suscitaient une joyeuse ambiance parmi les autres invités. Déjà, Louise Roux, la sage femme qui avait mis au monde la petite Rolande, s'était levée pour pousser quelques chansons de son répertoire et le père Martin commençait à jouer du violon, pour la plus grande joie de l'assistance.

Tout à coup, Robert Baud, un cousin des Belbenoît, apprenti dans la menuiserie familiale, qui était sorti prendre l'air, rentra précipitamment dans la pièce. Encore tout essoufflé, l'adolescent se mit à crier:

– Les gendarmes! Les gendarmes arrivent!

Ces mots tombant comme des pierres brisèrent net la bonne humeur qui régnait dans la salle. Edmond Belbenoît, le maître de maison, un homme dans la cinquantaine, au regard calme et réfléchi, se leva de sa chaise et demanda:

– Où sont-ils?

– Ils arrivent par le chemin des Mussillons... Cinq ou six... A cheval!

Louis se dressa à son tour. Blême, sentant brusquement peser sur lui un danger imminent. Il dit très vite, d'une voix empreinte d'une indicible inquiétude :

– Quelqu'un m'aura vu arriver ce matin... J'ai été dénoncé...

– Peut-être qu'ils viennent pour autre chose ? Qu'ils font simplement une ronde au pays ? émit l'un des invités.

– Dans le doute, il vaut mieux que tu partes, conseilla un autre parent.

L'insoumis ne semblait pas comprendre encore que son destin était en train de se jouer. Que chaque minute comptait à présent. Refusant l'évidence, il restait figé dans une douloureuse expectative.

– Oui, Louis, ton oncle a raison ! approuva Pauline d'un ton angoissé. Sauve-toi avant qu'ils n'arrivent !

Juste à cet instant, il se fit un grand bruit à l'extérieur. Le grondement provoqué par une troupe de cavaliers au galop. Par les deux fenêtres de la pièce qui donnaient sur la cour, les invités virent arriver dans celle-ci sept gendarmes à cheval. Quatre d'entre eux sautèrent à bas de leurs montures, trois restèrent en selle. L'un au milieu de la cour, les deux autres filant vers l'arrière de la maison.

Comprenant que son fils n'aurait plus le temps de s'échapper, Edmond Belbenoît le poussa vers une petite porte située dans le fond de la pièce. Il lui dit :

– A l'écurie ! Vite ! Cache-toi dans le coffre à grain !

Chapitre VI

A peine l'insoumis eut-il quitté précipitamment la pièce que des coups violents furent frappés contre la porte d'entrée.

Une voix au timbre puissant tonna à l'extérieur:

– Au nom de l'Empereur! Ouvrez!

Un noir silence tissé d'angoisse s'était abattu sur l'assistance. Chacun des convives, remué jusqu'au tréfonds de soi, restait muet en se demandant ce qui allait se passer.

Edmond Belbenoît fut le premier à reprendre son sang-froid.

Il recommanda calmement à ses hôtes:

– Restez à table... Continuez à manger et à boire comme si de rien n'était...

Puis, sans se presser, il se dirigea vers la cuisine, la pièce voisine, par laquelle on passait pour accéder au reste de la maison.

Parce qu'on ne répondait pas assez vite à ses injonctions, le chef du détachement venait de pénétrer sans ménagements dans la place. Il s'agissait d'un fort gaillard en uniforme, botté, éperonné, le visage barré d'une énorme moustache noire. Son bicorne orné d'un plumet rouge touchait presque les poutres du plafond. Ça le rendait encore plus impressionnant. Il tenait à la main le sabre avec le pommeau duquel il avait cogné quelques instants plus tôt contre la porte.

– Vous êtes Belbenoît Edmond?

– Oui, c'est moi.

– Mes hommes sont déjà venus enquêter chez vous à trois reprises au sujet de votre fils, recherché pour insoumission.

– C’est exact.

– Où est-il, votre fils ?

– Je n’en sais rien. Je l’ai déjà dit aux gendarmes.

– Vous mentez ! Nous savons que le nommé Belbenoît Louis est arrivé ce matin à votre domicile pour participer au baptême de votre petite fille ! Je vous conseille de lui dire de se rendre. Pour ne pas aggraver son cas et le vôtre !

– Mon fils n’est pas ici, monsieur, vous vous trompez...

– C’est ce que nous allons voir !

D’un geste, le maréchal des logis-chef de la brigade de Saint-Laurent commanda aux gendarmes qui l’accompagnaient de le suivre. Ecartant brutalement Edmond Belbenoît, il entra avec trois de ses hommes dans la pièce où se trouvaient les invités.

– Personne ne bouge ! hurla-t-il.

Suivant les consignes reçues du maître de maison, les convives, le nez dans leurs assiettes, continuaient de manger leur dessert.

Le sous-officier embrassa d’un regard ombrageux l’ensemble de l’assistance. Il se rendit immédiatement compte que celui qu’il recherchait ne se trouvait pas parmi ces gens.

– Vous savez, vous autres, dit-il d’une voix tonitruante, que tous ceux qui se font les complices d’un insoumis s’exposent à de graves sanctions. Alors dites-moi où se cache le nommé Belbenoît Louis !

Aucun des invités ne broncha.

– Eh bien, puisque vous faites tous preuve de mauvaise volonté, dit le maréchal des logis, à présent, nous allons rire !

L’abbé Fèbvre, qui était assis à côté de Francine, la mère de la petite baptisée, se leva, non sans difficulté, car il était âgé. Il se rapprocha des enquêteurs immobiles dans le fond de la pièce.

– Soyez raisonnables, messieurs. Vous voyez bien que le garçon que vous recherchez n’est pa ici... Pourquoi venez-vous troubler cette paisible réunion familiale ?

– Vous, monsieur le curé, vous mentez comme les autres ! Je sais que l’insoumis est arrivé dans cette maison ce matin ! Il était assis à cette table il y a quelques instants seulement. J'en ai la preuve!

Les invités s'entre-regardèrent sans comprendre.

De la pointe de son sabre qu'il tenait toujours à la main, le représentant de l'ordre désigna la chaise vide qui se trouvait à côté de Pauline Paget et la part de tarte à peine entamée sur l'assiette. Ce détail, qui ne lui avait pas échappé, consterna tous les autres. Dans leur panique, ils n'avaient pas songé à le faire disparaître.

– Il n'est donc pas loin, poursuivit le maréchal des logis. Il n'a pas pu s'enfuir. Mes hommes cernent la maison. Nous allons fouiller partout pour faire sortir ce rat de son trou!

Puis, s'adressant à ses subordonnés, il vociféra cet ordre:

– Allez, vous autres! De la cave au grenier, retournez tout! Cassez s'il le faut! Exécution!

Deux des gendarmes quittèrent aussitôt la pièce pour aller perquisitionner ailleurs. Un seul resta avec le chef.

Jusqu'ici très calmes, les invités commencèrent à protester. Madame Belbenoît, la mère de Louis, s'adressa, des larmes dans la voix, au maréchal des logis:

– Mais enfin, demanda-t-elle, qui vous a dit que mon fils était ici?

L'autre ne répondit pas. Il se dirigea vers une armoire, dans le fond de la pièce. Il en ouvrit les portes toutes grandes. Elle ne contenait que du linge et de la vaisselle. Personne bien sûr ne pouvait s'y dissimuler. Il fit comme si c'était possible et, rageusement, à l'aide de son sabre, déplaça une pile d'assiettes qui vinrent choir et se briser avec fracas sur le sol.

Indignées, les femmes présentes crièrent toutes au scandale. Les enfants présents, deux fillettes et un garçonnet, effrayés par le comportement du chef des gendarmes, se mirent à leur tour à pleurer.

– Sauvage! Vous êtes un sauvage! Vous faites peur à mes petits! hurla la mère, outrée.

En l'entendant, l'autre interrompit brusquement ses recherches. Sous son bicorne, son regard vif, acéré, se fixa sur le gamin aux grands yeux bleus reflétant l'innocence. Le chef de la gendarmerie s'approcha de lui, l'entraîna par le bras vers la cuisine, dont il referma la porte derrière lui d'un coup d'éperon. Interloquée, la mère de l'enfant chercha aussitôt à suivre son fils pour le récupérer. Elle en fut empêchée par l'autre gendarme.

De longues minutes s'écoulèrent durant lesquelles on continua d'entendre pleurer le petit garçon. Puis le maréchal des logis-chef reparut dans la grande pièce, un sourire épanoui sur les lèvres.

– Plus la peine de chercher ! lança-t-il à ses hommes. Je sais où se cache l'oiseau ! Il est dans l'écurie, à l'intérieur d'un coffre à grain !

Les deux gendarmes se ruèrent littéralement hors de la pièce afin de rejoindre l'endroit indiqué.

Les invités, consternés, comprirent que le maréchal des logis-chef venait d'obliger le petit garçon à dénoncer son oncle en le menaçant sans doute de prison.

Assuré de ce qui allait se passer, le commandant de la brigade de Saint-Laurent quitta à son tour la salle du banquet pour gagner la cour. Il fut bientôt suivi par la plupart des convives.

Il faisait un temps radieux sur le plateau. La vaste cour était tout ensoleillée. Au-delà du lac à la mouvante splendeur, la ligne d'horizon se perdait dans un lointain bleuté et subtil. L'ordonnance des choses était si parfaite qu'on l'aurait dite surnaturelle.

Les regards des témoins ne se fixèrent pas sur ce paisible paysage mais sur une porte arrondie située à l'extrémité du bâtiment. Ils ne tardèrent pas à voir apparaître le pauvre Louis, tout effaré d'avoir été si rapidement découvert dans sa cachette. Descendu de sa monture, un cavalier qui stationnait devant la maison s'approcha de lui et passa rapidement une paire de menottes autour de ses poignets. Les bracelets étaient reliés à une longue chaîne qu'il accrocha à la selle de son cheval.

En voyant cette scène, Pauline se précipita vers son fiancé.

– Louis ! Louis ! cria-t-elle d'une voix éperdue en s'accrochant à lui.

Le maréchal des logis-chef la repoussa brutalement.

– Relâchez-le ! Relâchez-le ! Il n'a pas fait de mal !

– C'est toi qui le dit ma belle, ricana le sous-officier. Il est déserteur. C'est un crime puni par la loi. Tu sais ce qu'on fait aux déserteurs ? On les fusille ! J'espère que son cas servira d'exemple à tous les salopards de son espèce qu'on a pas encore arrêtés ! Mais leur tour viendra ! Tu peux compter sur nous !

La maman de Louis, une frêle femme au doux visage encadré de cheveux blancs, au regard embué de larmes, s'avança à son tour vers les gendarmes.

– Mon petit ! Mon petit ! Laissez mon petit ! Je vous en supplie, laissez-le !

Pâle comme un mort, les yeux hagards empreints de la pire détresse, Louis tendit ses mains entravées vers la pauvre femme, comme pour un ultime recours.

Aussi insensibles au plaidoyer de la mère de l'insoumis qu'ils l'avaient été à celui de sa fiancée, les militaires l'écartèrent à son tour sans ménagements.

– En selle ! commanda le chef du détachement.

Les cavaliers se mirent aussitôt en route. Deux d'entre eux encadrèrent le prisonnier enchaîné, dont la marche saccadée fut entraînée par les chevaux.

Regroupés dans la cour de la maison des Belbenoît, les invités, révoltés mais impuissants, assistèrent au départ de la troupe. Ils la virent bientôt disparaître au détour du chemin qui se perdait aux confins du plateau, en direction de Saint-Laurent.

Chapitre VII

Depuis quatre jours, depuis le dramatique dimanche de Pâques durant lequel elle avait eu la confirmation de la culpabilité de Guillaume Pécherey dans la disparition de son père et après avoir assisté à l'arrestation de son fiancé, Pauline Paget vivait dans une profonde affliction.

Elle si croyante, si pratiquante depuis son enfance, se demandait quelle offense elle avait pu faire au Bon Dieu pour qu'il lui inflige un tel calvaire. Chaque matin, chaque soir, elle priait la Sainte Vierge avec ferveur afin qu'elle lui vînt en aide, mais en vain. Aucun de ses souhaits ne se réalisait. Nul espoir ne prenait consistance. Les jours et les nuits s'écoulaient en grossissant, au contraire, ses appréhensions. Elle se demandait si des forces obscures ne se liguaient pas, dans une sombre connivence, pour attirer sur elle tous les malheurs du monde.

Par un voisin de Saint-Pierre, qui s'était rendu à Saint-Laurent-en-Grandvaux, elle avait appris que Louis Belbenoît venait d'être transféré à la prison de Lons-le-Saunier, au chef-lieu du département du Jura. Il y serait bientôt jugé par un tribunal militaire. L'homme ne s'était guère montré optimiste quant à la suite. Il lui avait dit qu'au mieux, l'insoumis serait condamné au bagne à perpétuité, mais plus vraisemblablement fusillé. L'Etat napoléonien avait besoin de faire des exemples vis-à-vis du peuple. Depuis quelques mois, le nombre de réfractaires à la conscription s'était accru. Or, en cette année 1812, l'Empereur préparait, disait-on, une nouvelle guerre. Il rassemblait à cet effet une gigantesque armée qu'il lancerait bientôt à travers l'Europe pour satisfaire ses insatiables ambitions. Tous ceux qui cherchaient à contrarier ses plans étaient impitoyablement châtiés. On avait déjà placardé à travers la France des affiches faisant état des peines de mort infligées à des déserteurs et à des insoumis. Louis Belbenoît risquait de figurer bientôt sur la liste des victimes de cette implacable répression.

Pauline était d'autant plus désespérée par le sort qui attendait son fiancé qu'elle se sentait coupable de son arrestation. Il lui avait dit qu'il avait quitté sa cachette dans la montagne uniquement pour la revoir. Parce qu'il savait qu'elle assisterait ce jour-là au baptême de sa petite nièce à l'Abbaye-en-Grandvaux.

Leurs retrouvailles avaient été un grand moment de bonheur. Malgré l'émotion et la tristesse engendrée par l'affaire de son père, Pauline se rappelait avec tendresse cette journée pascale, durant laquelle ils étaient restés côte à côte. A la fois présents et absents parmi les invités du festin. Elle se souvenait de leurs regards, de leurs doigts emmêlés, de la douce pression des lèvres de Louis sur les siennes. L'amour avait resplendi dans les yeux lumineux du garçon, dans son sourire, dans chacun des traits de son visage, chacune de ses paroles. Elle s'était sentie gagnée par la contagion de son enthousiasme. L'angoisse provoquée par le sort funeste de son père, les inquiétudes concernant la sécurité précaire de l'insoumis, tout avait été balayé par leur joie présente, par le merveilleux ravissement dans lequel avait baigné durant quelques heures l'atmosphère de leur rencontre. Ils s'étaient aussi rendu compte que la séparation n'avait pas, bien au contraire, affadi leur amour. Ils s'aimaient toujours autant, avec le même attachement, la même ferveur. Malgré les événements contraires, ils ne concevaient pas leur avenir l'un sans l'autre.

Hélas! Aux quelques heures d'insouciance et de joie des retrouvailles, à l'enchantement des doux espoirs partagés avait succédé un horrible et interminable cauchemar. Depuis quatre jours et surtout quatre nuits, la jeune fille revoyait sans cesse la scène brutale de l'arrestation. Elle était hantée par la vision de son pauvre Louis, aussi pâle qu'un mort, déjà enchaîné comme un forçat entre les chevaux des gendarmes qui l'entraînaient vers son inexorable destin.

Même lorsqu'elle s'efforçait de se raisonner, de retrouver un sens, un équilibre à ses réflexions, de s'accrocher à un infime espoir, le souvenir de cet événement tragique la replongeait dans une atroce détresse. En y songeant, elle ne cessait de s'apitoyer sur le sort de son malheureux fiancé et de pleurer, sans parvenir à retrouver le sommeil pour tenter d'oublier.

La disparition de son père continuait aussi d'affecter Pauline. A la suite de l'arrestation de Louis Belbenoît, elle avait abandonné le projet de se rendre à la brigade de gendarmerie de Saint-Laurent pour y faire part des soupçons qu'elle portait à l'endroit de Guillaume Pécherey. Après ce qui s'était passé dimanche dernier à l'Abbaye-en-Grandvaux, elle n'avait nulle envie de se retrouver face au maréchal des logis-chef qui commandait la brigade. Elle ne tenait surtout pas à jouer le rôle exécrable de dénonciatrice. Depuis l'arrestation de son fiancé, elle éprouvait à la fois de la colère et du mépris pour l'indicateur anonyme qui avait vendu celui-là. Sans doute toucherait-il pour cet acte infâme les deniers de Judas que le régime napoléonien accordait à ceux qui facilitaient la capture des insoumis. Elle ne tenait pas à être assimilée à ce genre de personnage méprisable, même si sa déposition permettait l'arrestation de l'assassin présumé de son père. Elle était à présent décidée à faire justice elle-même. Tôt ou tard, Guillaume Pécherey payerait son crime!

Un autre problème ne cessait de préoccuper aussi la jeune fille. Il s'agissait du remboursement des sommes que son père devait à certains fournisseurs. Comme lors de chacun de ses voyages, il avait payé comptant une partie des marchandises transportées depuis le Grandvaux. Cependant, certains produits fabriqués par des artisans n'étaient réglés qu'au retour. Or, comme son carnet de commandes avait disparu en même temps que la sacoche contenant l'argent des affaires réalisées au cours du dernier roulage, il faudrait attendre que les débiteurs se manifestent pour les rembourser. Cela ne se ferait pas sans difficulté, car les Paget n'étaient pas riches et toutes leurs économies seraient sans doute englouties dans cette affaire.

Restait aussi la question de l'avenir de l'entreprise de voiturage. Le père disparu, qui s'en occuperait? Séverin et Gustave, ses deux fils, étaient encore trop jeunes pour partir sur les routes de France et de l'étranger. Pauline elle-même ne connaissait pas grand-chose au métier. C'était d'ailleurs une activité rude et dangereuse, comme le prouvait, hélas! la disparition d'Aristide Paget. Aucune femme, à sa connaissance, ne pratiquait cette profession dans le Grandvaux.

Dans ces conditions, la famille ne pourrait pas garder très longtemps à l'écurie la demi-douzaine de chevaux de roulage, en raison du coût de leur entretien. Il faudrait donc vendre les attelages, un sacrifice qui les priverait des revenus permettant depuis des siècles aux Grandvalliers de ne pas mourir de faim durant les rudes hivers qui isolaient la région.

Bientôt allait se poser le problème des labours, de l'ensemencement des quelques parcelles de terre cultivables possédées par la famille. C'était le travail auquel se livrait chaque année le père à son retour de voyage. En juin prochain, qui s'occuperait de faucher le foin destiné à la nourriture de leur petit troupeau de vaches l'hiver suivant? Il y avait aussi le bois de l'affouage[1], qu'il faudrait couper dans les forêts communales et rentrer avant l'automne.

Toutes ces questions jusqu'ici sans réponses suscitaient également une lourde anxiété dans l'esprit de Pauline, car elle savait que si elles n'étaient pas résolues, la misère ne tarderait pas à s'installer à la ferme des Egarés.

---

[1] Droit que les habitants d'une localité avaient, en Franche-Comté, de pratiquer certaines coupes de bois dans les forêts de leur commune.

Au milieu du déferlement de cette suite d'événements maléfiques, le seul fait un peu rassurant était l'amélioration de l'état de santé de madame Paget.

La veille, Firmin Bailly, le guérisseur, était revenu la voir. Il avait trouvé la malade en meilleure forme. Les potions semblaient avoir eu sur elle un effet favorable. Elle souffrait moins et avait retrouvé un peu d'appétit. Le brave homme avait conseillé à la patiente de poursuivre son traitement et promis de revenir en consultation la semaine suivante.

Lors de sa visite, monsieur Bailly n'avait pas été sans remarquer la mauvaise mine de Pauline. L'angoisse qui nouait en permanence l'estomac de celle-là l'empêchait de s'alimenter normalement. Les stigmates de l'insomnie plombaient son visage.

Informé par la rumeur publique de ce qui était arrivé au fiancé de l'aînée des Paget, le guérisseur avait dit:

– Il faut surmonter ton chagrin ma belle. Il y a assez d'une malade dans la maison. Ce n'est pas en te rongeant le sang, en pleurant toutes les larmes de ton corps que tu feras revenir ton père et ton promis A présent, c'est sur toi que repose l'avenir de ta famille. Pour faire face à tous les problèmes qui vont se poser à vous, il convient que tu restes en bonne santé!

Pauline n'avait rien répondu, mais compris que les propos de monsieur Bailly était pleins de bon sens. Avant de quitter le domaine des Egarés, il lui avait glissé dans la main le sachet d'une potion et recommandé qu'elle la prenne chaque soir dans un bol de lait avant d'aller se coucher.

Chapitre VIII

Ce jeudi d'après Pâques, il faisait à nouveau un temps très maussade sur le Grandvaux. Avril, en son déclin, méritait bien le surnom régional de «trublion du printemps». Du ciel ombré de gros nuages gris tombaient parfois des ondées brèves qui se mêlaient au souffle d'un vent glacé pour balayer le plateau.

Après avoir trait les vaches et nettoyé l'étable, Pauline était en train de se laver les mains dans un baquet d'eau tiré du puits de la cour, lorsqu'une voiture parut sur le chemin qui menait au domaine des Egarés. Elle la regarda se rapprocher rapidement, tout en s'essuyant dans le tablier de travail qu'elle venait d'enlever.

Peu après, le véhicule vint s'arrêter devant la ferme. Deux hommes en descendirent. Elle reconnut tout de suite le premier. Il s'agissait d'Etienne Jobin, un gros marchand de bestiaux du canton, devenu maire de Saint-Pierre à la Révolution. Il continuait d'exercer ses fonctions municipales sous l'Empire et passait pour un partisan dévoué au régime napoléonien.

Le second visiteur, qu'elle ne connaissait pas, était un militaire en uniforme portant le bicorne à cocarde, les épaulettes et le sabre d'officier. Il serrait sous son bras droit une écritoire de voyage.

– Ta mère est là? demanda familièrement Jobin, un homme replet au visage rougeaud empreint d'une fausse bonhomie.

– Oui, monsieur le maire.

– On voudrait lui parler.

Une terrible pensée surgit à cet instant des replis profonds de l'âme de la jeune fille. Elle se demanda si les deux visiteurs n'étaient pas porteurs d'une nouvelle annonçant la mort de son père. Elle fut sur le point de leur demander de la lui dévoiler plutôt qu'à sa mère, compte tenu de l'état de santé fragile de celle-là. Elle se ravisa finalement et leur fit signe de la suivre.

Les arrivants entrèrent à sa suite dans la vaste cuisine de la ferme. Assise devant la table, tournant le dos à la cheminée où flambait un bon feu, Ida Paget était occupée à éplucher des légumes pour le repas de midi. Elle se leva en voyant les visiteurs. Elle était toujours aussi maigre, aussi fragile. Sous son front de cire encadré de mèches grises, ses yeux cernés gardaient les brûlures des souffrances physiques et morales endurées, celles des larmes versées. Elle dut elle aussi penser que les deux hommes étaient porteurs d'une mauvaise nouvelle, car son visage pâlit encore plus et se crispa, tandis qu'un brusque tremblement agitait ses mains décharnées.

– Asseyez-vous, messieurs, dit-elle d'une voix blanche en désignant deux escabeaux en face d'elle et en reprenant elle-même place sur son banc.

Lorsqu'ils furent installés, le maire commença par tousser puis il dit, d'un ton toujours désinvolte mais quand même un peu embarrassé:

– Ida, je suis venu te voir avec monsieur le capitaine Kreiss, chargé dans le canton des réquisitions pour l'armée de notre Empereur... C'est au sujet des attelages d'Aristide...

La pauvre femme regarda tour à tour les deux hommes d'un air effaré. Surtout l'officier, dont le visage sévère aux yeux bleus fixes, à la moustache d'un noir de jais, au nez en bec de rapace, n'inspirait guère la sympathie.

Elle fut néanmoins rassurée d'apprendre que le militaire n'était pas venu lui faire part d'une mauvaise nouvelle concernant son mari.

– Les attelages d'Aristide?... répéta-t-elle sans comprendre ce qu'on lui voulait.

– Oui, poursuivi Jobin. A présent que ton mari est mort, ses chevaux et ses chars ne te servent plus à rien...

– Qui vous a dit qu'il était mort? protesta Ida Paget avec une véhémence dont on ne l'eût pas crue capable quelques instants plut tôt.

– Personne... Mais à ce jour, il n'est toujours pas revenu...

– C'est un mensonge! Il n'est pas mort! Il reviendra bientôt! J'en suis sûre! lança-t-elle d'une voix pleine de fureur et de déraison.

Un long silence succéda à cette sortie, durant lequel les deux hommes se sentirent mal à l'aise. Puis le maire revint à la charge. Avec le ton doucereux de celui qui veut convaincre:

– Tu as raison Ida... Ton mari n'est peut-être pas mort... Peut-être qu'il reviendra un de ces prochains jours... Il n'empêche que notre Empereur a besoin de ses chevaux... Ils figurent sur la liste des réquisitions...

– Des réquisitions? Qu'est ce que c'est que ces réquisitions? demanda la mère de Pauline. Pourquoi l'Empereur veut-il prendre nos bêtes et nos chars?

– Parce qu'il forme une nouvelle armée. Une grande armée pour combattre les Kaiserlicks et les Russes qui menacent à nouveau la France! expliqua Etienne Jobin. C'est le devoir de tous les bons Français d'aider notre Empereur.

Refusant de comprendre l'évidence, la pauvre femme secoua la tête et protesta cette fois plus timidement.

– D'ailleurs, renchérit le maire, si Aristide était là, il serait lui aussi requis pour accompagner ses bêtes et ses chars. Comme sont pareillement requis pour l'armée beaucoup d'autres rouliers du canton!

Frêle, douloureuse, Ida Paget baissa la tête avec accablement, résignée à subir ce nouveau coup du sort.

Pauline, qui rongeait son frein en silence depuis un long instant, jugea qu'il était temps d'intervenir. Elle le fit avec dans la voix, dans les yeux, dans toute la physionomie une véhémente hostilité, en s'adressant d'abord au premier magistrat de la commune:

– Pourquoi nous avez-vous désignés, monsieur le maire? Pourquoi nous avez-vous portés sur la liste des réquisitions? Pourquoi vous acharnez-vous sur notre famille? Vous connaissez notre situation. Vous savez que nos chevaux et nos voitures sont nos seuls biens. Nos seuls moyens d'existence. Si on nous les enlève, nous serons réduits à la misère! Ce sera de votre faute!

Sous l'accusation, la trogne de Jobin devint cramoisie. Une lueur méchante passa dans ses petits yeux porcins. Sa voix enfla d'un ton pour répondre:

– Je ne suis pas le seul, à Saint-Pierre, à avoir dressé la liste des réquisitions. Le Conseil municipal l'a décidée à l'unanimité. Ton père aurait été requis, comme beaucoup d'autres au village. De toute façon, puisqu'il n'est plus là et qu'il n'est pas certain qu'il revienne un jour, ses bêtes et ses chars ne vous servent plus à rien à présent. Personne, chez vous, n'est à même de les conduire. Ils sont au contraire devenus une charge. Vous serez bientôt obligés de vous en débarrasser. D'ailleurs, notre Empereur vous les paiera! Au juste prix du marché, comme c'est prévu! Vous ne perdrez rien!

– Qui vous a dit que personne, chez nous, n'était capable de conduire nos chevaux et nos chars?

– Tu sais bien que tes frères sont encore trop jeunes...

– Je ne parle pas de mes frères!

– Alors de qui?

– De moi!

– De toi?

– Oui.

Etienne Jobin éclata d'un gros rire.

– Mais ma pauvre fille, tu sais bien que le roulage est une affaire d'homme! Jusqu'ici, aucune femme du Grandvaux n'est jamais partie sur les routes de France ou d'ailleurs avec une demi-paire d'attelages ! C'est un métier bien trop dur, bien trop dangereux !

– Il faut un commencement à tout ! dit Pauline d'une voix très calme. J'ai décidé que nos chevaux et nos chars ne seraient pas confiés à n'importe qui. C'est moi qui les accompagnerai à la place de mon père. Je serai la première roulière du canton !

Un silence dubitatif succéda à ces propos. Abîmée dans sa douloureuse hébétude, Ida Paget regardait sa fille sans comprendre. Le maire, dont l'irritation avait fait place au scepticisme, secouait la tête avec circonspection. Seul, l'officier paraissait moins perplexe. D'un regard habitué à jauger les capacités des êtres, il fixait son regard d'oiseau de proie sur la jeune fille.

– Vous vous sentez vraiment capable de conduire les attelages de votre père ? demanda-t-il d'une voix impersonnelle.

– Oui. Je sais mener les bêtes et les voitures.

Le maire crut bon d'intervenir à nouveau :

– Tu ne te rends pas compte, ma belle, qu'il n'est pas aussi facile de conduire six chevaux et six chars sur les routes de France et de l'étranger comme tu le fais par ici autour de votre ferme ! Et puis tu seras intégrée à des convois militaires. Au milieu des soldats. L'armée n'est pas faite pour les filles ! C'est trop risqué pour elles !

– Je n'ai pas peur. Je saurai me faire respecter ! dit Pauline crânement.

– Tu ne sais pas ce qui t'attend. Le roulage n'est pas un métier pour les femmes, répéta Jobin. L'armée non plus !

La jeune fille, qui se tenait debout à côté de sa mère, se retourna brusquement. Elle tendit le bras vers le jambage de la cheminée et saisit l'un des longs fouets qui y étaient accrochés. D'un mouvement sec, presque sans ajuster son coup, elle déploya la lanière. La mèche claqua aussitôt et vint s'enrouler autour d'une botte d'herbe à tisane pendue à l'une des poutres du plafond. Elle la décrocha, la ramena vers elle et la happa de la main gauche, sous les regards médusés des deux hommes.

– Depuis l'âge de douze ans, précisa-t-elle d'un ton sans forfanterie, mon père m'a non seulement appris à conduire un attelage, mais aussi à manier le fouet pour me défendre...

Pas encore tout à fait convaincu, le maire émit cette nouvelle objection:

– Pas dit que l'armée de notre Empereur acceptera qu'une fille soit intégrée au train des équipages...

– Celle qui quittera cette maison pour accompagner nos bêtes et nos chars ne sera plus une fille, dit Pauline. Tout au moins, on ne saura pas qu'elle en est une...

Comme tous la regardaient une nouvelle fois sans comprendre, elle précisa:

– Ce sera quelqu'un qu'on ne reconnaîtra pas. Il portera le chapeau, la blouse, le pantalon et les souliers d'un roulier. Pour tout le monde, il s'appellera Paul Paget!

Au grand étonnement d'Etienne Jobin, le capitaine Kreiss fut le premier à acquiescer à cette proposition.

– Eh bien, c'est d'accord, fit-il avec pour la première fois un radieux sourire, nous allons à présent rédiger le contrat d'engagement!

Il déplia ensuite l'écritoire de voyage qu'il avait apportée, trempa sa plume d'oie dans l'encrier et, avec application, commença à tracer sur une grande feuille le texte suivant:

«Nous soussigné Kreiss Hubert, capitaine du service de l'Intendance de l'armée, avons, ce jour 27 avril 1812, reçu l'engagement du nommé Paget Paul, demeurant à Saint-Pierre-en-Grandvaux, pour accompagner en qualité de convoyeur les attelages composés de six chevaux et de six voitures de roulage réquisitionnés ce même jour dans la ferme du dénommé Paget Aristide, son père...»

Chapitre IX

Lorsque Pauline Paget déboucha sur la place de Saint-Laurent le matin du 30 avril 1812, une quarantaine de rouliers et leurs attelages y étaient déjà rassemblés. C'était tous des requis au service de la nouvelle entité militaire qu'on appelait depuis quelque temps la «Très Grande Armée».

Un détachement d'une vingtaine de dragons, coiffés du casque à cimier et à houppette, faisaient aligner les chars des voitures sur deux rangs au fur et à mesure de leur arrivée. Un capitaine s'approchait ensuite des conducteurs, pointait leur nom sur une liste et leur remettait, outre un ordre de mission, le montant de leur première indemnité.

La venue de Pauline ne suscita aucune réflexion de la part de l'officier. Il cocha simplement le nom de Paget Paul sur sa feuille. Quant aux rouliers, la plupart d'entre eux savaient déjà que la fille d'Aristide s'était portée volontaire pour les accompagner. Nul n'ignorait qu'elle s'était engagée uniquement pour ne pas abandonner les attelages de sa famille à des convoyeurs étrangers. Tous approuvaient sa courageuse décision, même s'il n'était jamais arrivé jusqu'ici qu'une jeune fille embrassât leur rude métier.

En la voyant, les voituriers ne furent pas moins très étonnés par les transformations physiques et vestimentaires de Pauline. Elle avait en effet revêtu le costume traditionnel des Grandvalliers. Ses beaux cheveux bruns tressés en cadenettes disparaissaient sous un large chapeau de feutre noir. Elle portait la blouse bleue brodée et soutachée, l'épais pantalon gris en droguet, les gros souliers de cuir ferrés. Elle avait aussi noué autour de son cou le foulard rouge, signe caractéristique de la profession, et tenait à la main le long fouet dont son père ne s'était jamais séparé de son vivant.

Rien ne distinguait donc Pauline Paget de ses futurs compagnons de voyage, sinon sa morphologie et son visage imberbe. Elle était beaucoup plus petite, plus frêle que les colosses du Grandvaux, dont les statures imposantes étaient connues partout en France et dans de nombreux pays d'Europe. Il était difficile à présent de deviner son véritable sexe. Ceux qui ne la connaissaient pas la prendraient sans doute pour un jeune homme récemment sorti de l'adolescence, qui effectuait l'un de ses premiers roulages.

Depuis Saint-Pierre-en-Grandvaux, Pauline avait fait route avec Sévère Bouvet, un ami de son père dont les attelages venaient aussi d'être réquisitionnés pour assurer les transports de la Grande Armée. C'était un homme unanimement respecté pour son savoir et ses qualités morales. Ida Paget lui avait demandé de veiller sur sa fille durant le voyage, car elle ne s'était pas résignée de gaieté de cœur à son départ. Elle connaissait les dangers du métier de roulier et ce qui venait d'arriver à son mari le lui avait cruellement rappelé.

Cette fois, ça n'était pas pour effectuer un voyage ordinaire que Pauline allait partir sur les routes. C'était quasiment pour la guerre. Depuis quelque temps, de sales rumeurs couraient à travers le pays. On disait que Napoléon Ier s'apprêtait à remettre ça contre les Autrichiens, les Prussiens, peut-être même contre les Russes. Et puis, il y avait toujours les Espagnols qui tenaient tête depuis des mois à l'armée française et se livraient à d'abominables exactions. Certains prétendaient aussi que les réquisitions massives dont le Grandvaux était frappé faisaient suite au passage, douze ans plus tôt à Saint-Laurent, du général Bonaparte. Le 8 mai 1800, en route pour la campagne d'Italie, le jeune officier s'était arrêté à l'auberge de l'Ecu de France pour y passer la nuit. S'étant renseigné sur les activités des habitants, il avait appris qu'ils exerçaient presque tous la profession de voiturier. Déjà à cette époque, il avait manifesté le désir de les enrôler dans son armée, mais aucun d'entre eux ne s'était laissé séduire par ses propositions. A présent qu'il était devenu Empereur et pouvait contraindre ses sujets par la force, peut-être s'était-il souvenu de son premier contact infructueux avec les Grandvalliers et avait-il décidé de les faire participer malgré eux à sa nouvelle campagne?

Ida Paget s'était demandé ce que ferait Pauline au milieu des rouliers et surtout des soldats. Ne risquerait-elle pas d'y être déshonorée? Ne serait-elle pas mêlée aux combats? Pour la pauvre femme, un nouveau calvaire allait s'ajouter à celui qu'elle subissait depuis la disparition de son mari. Depuis deux jours, elle avait fait mille recommandations à sa fille touchant à sa sécurité, à sa pudeur. Elle s'était même rendue chez Sévère Bouvet pour le supplier de veiller sur Pauline, ce que le brave homme avait promis.

De son côté, la future «roulière» s'était efforcée de rassurer sa mère en minimisant les dangers auxquels celle-là redoutait qu'elle ne fût confrontée. Elle se sentait, avait-elle dit, de taille à se défendre si on en voulait à sa vertu. Elle maniait le fouet depuis l'enfance. Elle saurait s'en servir le cas échéant.

Pauline était néanmoins inquiète à l'idée d'abandonner les siens. Certes, Ida Paget semblait aller un peu mieux depuis quelques jours. Elle était cependant toujours aussi maigre, aussi faible, aussi triste. Firmin Bailly ne lui avait pas caché qu'elle n'était pas guérie. Malgré sa volonté, sa mère pouvait rechuter d'un jour à l'autre. Que feraient ses frères dans ces circonstances? La veille, elle s'était entretenue discrètement avec eux de cette pénible éventualité, en leur recommandant de lui épargner un maximum de fatigues, en l'entourant surtout de beaucoup d'affection. Séverin, le plus âgé, avait promis de tout faire pour que l'exploitation ne souffre pas du départ de sa sœur. Quelques proches voisins s'étaient aussi offerts pour prêter main forte aux fils Paget lorsqu'ils en auraient besoin. Malgré cela, la jeune fille ne partait pas très rassurée quant à l'avenir de sa famille. Elle savait que les siens auraient du mal à pallier l'absence de son père et la sienne l'été suivant. Ce serait l'époque durant laquelle les habitants du Grandvaux travailleraient dur, de l'aube au crépuscule, pour faucher les foins afin d'engranger les provisions de fourrage destinées à l'alimentation du cheptel familial pendant toute la morte saison.

Pauline restait aussi très inquiète au sujet du sort réservé à son fiancé. Les Belbenoît étaient toujours sans nouvelles de leur fils depuis son arrestation. Nul ne savait quand il serait traduit devant le tribunal militaire. Quelle sanction lui infligerait-on? La petite roulière se demandait avec angoisse si elle n'apprendrait pas à son retour au pays la triste nouvelle de l'exécution de celui qu'elle aimait.

Lorsque le capitaine eut achevé de pointer les noms des voituriers requis, il les rassembla dans un coin de la place. Il y avait parmi eux des gens de tous les villages du canton. Pauline en connaissait un grand nombre. Elle avait redouté durant un instant que Guillaume Pécherey ne se trouvât parmi les réquisitionnés. L'assassin de son père ne figurait heureusement pas sur la liste. Peut-être serait-il de la prochaine fournée? On disait en effet qu'une centaine d'hommes au moins allaient être mobilisés avec leurs attelages et intégrés dans le train des équipages de la Grande Armée.

– Messieurs, commença l'officier d'une voix autoritaire, veuillez consulter l'ordre de mission que je viens de remettre à chacun d'entre vous. Vous y verrez inscrits, en haut à gauche, les noms des deux villes suivantes: Besençon et Paris. Il s'agit d'une des localités que vous devrez rejoindre à marche forcée. La moitié d'entre vous se dirigeront vers Besançon, l'autre moitié vers Paris. Un détachement commandé par un sergent vous conduira à l'endroit prévu. Il a reçu toutes les instructions nécessaires concernant les étapes que vous effectuerez. Deux fourgons militaires chargés de la nourriture pour vos chevaux et pour vous-mêmes vous accompagneront jusqu'à destination. Je vous souhaite bonne route. Vive l'Empereur!

Pauline déplia le document que le capitaine lui avait remis quelques instants auparavant. Elle lut le nom de Paris en haut de la feuille.

Son père s'était souvent rendu dans la capitale au cours de ses voyages. Il en avait parlé avec beaucoup d'enthousiasme à sa famille, vanté la grandeur de ses monuments, la beauté de ses maisons, l'animation qui régnait jour et nuit dans ses rues. A tout prendre, puisqu'il lui fallait répondre à la réquisition, elle préférait rejoindre Paris plutôt que Besançon, une cité à la renommée moins prestigieuse. Elle fut aussi soulagée en apprenant qu'on avait fixé la même destination à Sévère Bouvet.

Compte tenu de son âge et de son expérience, son mentor fut désigné pour prendre la tête du convoi. Pauline plaça ses propres attelages immédiatement derrière les siens.

Après avoir fait claquer son fouet et encouragé ses bêtes de la voix, elle sauta, en marche, sur le siège de sa première voiture. Son cheval de flèche était la brave Lina, la jument de quatre ans que son père appréciait pour sa docilité. Les cinq autres provenaient tous des élevages du plateau de Maîche. C'était de solides comtois, dont les corps vigoureux occupaient complètement la largeur des limonières. Elevées dans le rude climat du Haut-Pays, ces chevaux infatigables pouvaient parcourir jusqu'à dix lieues par jour, par tous les temps, en tirant les «grinvallières», rustiques voitures bâchées de toiles blanche ou grise, lourdement chargées de marchandises.

De tous les chevaux de Pauline, Lina était la mieux harnachée. Elle portait des œillères de cuir clouté, une queue de renard accrochée à la cocarde, une housse à pompons sur la croupe. A la pointe de son collier était fixé un miroir encadré de clous en cuivre qui permettait au conducteur de surveiller ses autres bêtes. Celles-ci étaient aussi munies de clochettes dont les tintements réguliers signalaient que tout se passait bien derrière. Ainsi équipés, les attelages pouvaient s'engager sur les routes de France et d'Europe sans démentir la patoisante devise des rouliers: «Grandvalli vire-te en devant![1]».

Ce matin du 30 avril 1812, la lumière éblouissante d'un printemps radieux illuminait le départ du long convoi des rouliers quittant le canton de Saint-Laurent. Sur les landes, les forêts du Grandvaux, la nature opérait sa discrète métamorphose saisonnière, apportant un souffle de renouveau qui propageait des odeurs de résine, de buis, de genévriers, et commençait à faire poindre de tendres bourgeons à l'extrémité des branches. Sur cette terre ingrate, de froidure et de neige, habitée par des hommes durs, silencieux comme leurs paysages, la poussée printanière était un rare moment de bonheur. Pauline eut du mal à contenir son émotion, à s'arracher à cette ambiance, à voir s'estomper derrière elle, dans le miroir fixé sur le collier de sa Lina, les maisons aux façades boisées du vieux village de Saint-Laurent et son clocher perdu entre le temps et le ciel. Ce matin-là, elle se demanda si elle reverrait un jour ce pays austère, mais d'une beauté intense, où elle était née et venait de passer dix huit années de sa vie.

---

[1] En patois du Haut-Pays jurassien: «Grandvallier, tourne-toi vers l'avant!».

Chapitre X

L'arrivée à Paris du convoi des rouliers du Grandvaux fut pour Pauline Paget un sujet d'étonnement encore plus grand que tout ce qu'elle avait imaginé.

Précédés par le petit détachement des dragons commandé par le sergent Dussange, les Jurassiens firent leur entrée dans la capitale le 6 mai 1812 au milieu de la matinée, par la route de Fontainebleau.

Après quelques averses essuyées l'avant-veille, le temps s'était remis au beau. Un ciel d'un bleu pur enivré de lumière transcendait la beauté de Paris et répandait son allégresse dans le cœur de ses habitants.

Bien que la colonne eût traversé en chemin plusieurs villes importantes (Dijon, Avallon, Auxerre...) ses conducteurs n'avaient jamais rencontré une telle circulation dans les rues. Dès qu'ils furent intra-muros, ils commencèrent à croiser un nombre incroyable de véhicules les plus divers et les plus encombrants. Ceux-ci allaient des carrosses conduits par des cochers en livrée aux carrioles de marchands tirées par des ânes ou des baudets, des voitures de place aux charrettes à bras. Comme dans certains quartiers, les étals des boutiquiers empiétaient sur la chaussée, et il ne restait parfois qu'un étroit passage au milieu de celle-là. Les charretiers s'en disputaient la préséance à grands coups de gueule et parfois de fouet.

La jeune roulière fut tout d'abord frappée par la taille des immeubles bordant les rues, par la grandeur, la majesté des monuments, l'étendue des parcs et des jardins.

La foule aussi l'impressionna. A Saint-Laurent, même les jours de comices agricoles, elle n'avait jamais vu autant de monde sur le foirail. Les gens qui se pressaient sur les places et dans les rues de Paris semblaient appartenir à toutes les conditions sociales. S'y côtoyaient des ouvriers en sarraus, des bourgeois en hauts-de-forme et redingotes, des mendiants et des pauvresses en haillons, des filles de boutique en jupes et corsages propres, des élégantes aux cheveux coiffés en boucles, aux châles de cachemire, aux robes à tailles hautes, aux escarpins dorés. L'animation de ces Parisiens affairés était un spectacle coloré et bruyant auquel elle n'avait jamais assisté dans les villages perdus au creux des vallées du Jura.

La surprise de Pauline Paget, mais aussi celle de tous les rouliers du Grandvaux, fut à son comble lorsque le sergent Dussange révéla à ceux qu'il escortait depuis Saint-Laurent que la destination finale de leur voyage serait le Palais des Tuileries! Les voituriers francs-comtois auraient mission de prendre en charge une partie des affaires de la maison et du secrétariat de l'Empereur pour accompagner celui-ci pendant la nouvelle campagne qu'il allait bientôt entreprendre contre les ennemis de la France.

Tous se demandèrent pourquoi, parmi les milliers de voitures qui suivraient la Grande Armée, ils avaient été choisis par Napoléon Ier pour transporter ses précieux bagages. Sévère Bouvet rappela à quel point le général Bonaparte avait été impressionné par leur stature lors de son passage à Saint-Laurent et comment, sachant qu'ils parcouraient chaque année les routes de France et d'Europe, il avait manifesté le désir de les enrôler.

S'ils acceptèrent ce choix comme une reconnaissance méritée de leurs qualités professionnelles, les Grandvalliers furent plus modérément enthousiastes en apprenant ce qui les attendait par la suite. Certains d'entre eux, comme Sévère Bouvet, avaient déjà participé autrefois à des transports pour le compte de l'armée napoléonienne et été mêlés à des batailles. Les dangers encourus, les misères supportées leur laissaient à tous des souvenirs mitigés.

Les rouliers ne pénétrèrent pas bien sûr dans l'enceinte du Palais des Tuileries par l'entrée d'honneur. Ils y eurent accès en empruntant un passage situé à l'arrière des bâtiments. Ils débouchèrent dans une immense cour bordée par les communs et les écuries impériales. En cet endroit les attendait une sorte de grave majordome en habit chamarré, flanqué d'une escouade de secrétaires et de valets.

Dès qu'ils franchirent le portail, les rouliers reçurent chacun un numéro inscrit sur un carton et on leur intima l'ordre de rejoindre avec leurs attelages l'emplacement situé dans la vaste cour, où le même chiffre figurait sur un écriteau. Celui-ci surmontait un impressionnant empilement de caisses, de coffres, de malles, d'objets parfois volumineux enveloppés dans des bâches.

Ayant reçu le numéro 2 derrière Sévère Bouvet, Pauline se dirigea aussitôt vers le lot qui lui était attribué. Les serviteurs du palais, qui devaient avoir l'habitude de ce genre d'opération, se mirent incontinent au travail. Les coffres, malles et objets divers furent chargés sur les plateaux des six voitures de la jeune fille et inscrits scrupuleusement sur un registre par un secrétaires. Ainsi, par la suite, il serait facile de savoir ce que chacun des chars transportait. Pauline constata cependant avec étonnement que les voitures n'étaient toutes chargées qu'aux deux tiers environ de leur capacité habituelle. Interrogé sur cette façon de procéder, un employé du palais lui apprit que l'Empereur tenait à ce que les véhicules affectés au transport des affaires de sa maison et de son secrétariat fussent tous modérément chargés, afin de pouvoir progresser plus rapidement que ceux du train des équipages.

La dernière voiture de chaque roulier reçut une provision de fourrage et de grain destinée à l'alimentation des chevaux. Lorsque les fourgons distributeurs passèrent à leur hauteur, Sévère Bouvet soudoya l'un des valets d'écurie et obtint, pour

Pauline et pour lui, quatre ballots de foin et deux sacs d'avoine en plus de l'attribution normalement prévue. Comme la jeune fille s'en étonnait, le vieux coureur de routes lui expliqua :

– Petite, tu ne tarderas pas à voir ce qui se passe dans les bivouacs de l'armée. La nourriture n'arrive pas souvent à l'heure, ni pour les hommes, ni pour les bêtes. Quand vient le moment de la distribution, c'est toujours la foire d'empoigne. Plus tard, tu seras bien contente de pouvoir donner un peu à manger à tes chevaux, tandis que ceux des autres rongeront leur frein pour toute pitance !

Lorsque le chargement des voitures des rouliers fut achevé, un nouveau détachement militaire composé d'environ deux cents hommes, pour moitié de cavaliers, moitié de fantassins, fit son entrée dans la cour. Il s'agissait de grenadiers de la garde impériale montés sur de superbes chevaux noirs, et de chasseurs à pied portant le haut bonnet à poil surmonté du plumet rouge.

Dans l'axe du soleil de la méridienne, l'immense cour enclose du palais des Tuileries était inondée d'une lumière d'arène qui avivait les couleurs des uniformes, la rutilance des casques, des cuirasses et des armes.

Une passation de service réglementaire eut lieu entre les dragons qui venaient d'accompagner les rouliers depuis Saint-Laurent-en-Grandvaux et les nouveaux arrivants. Les premiers, toujours commandés par le sergent Dussange, ne tardèrent pas à quitter les lieux.

Peu de temps après, sur ordre de leurs officiers, les grenadiers à cheval et les chasseurs à pied de la garde se disposèrent sur deux rangs de chaque côté du portail donnant accès à la cour intérieure du palais. Quelques minutes s'écoulèrent, puis on vit un éclaireur arriver en courant. Une sonnerie de trompettes se fit entendre. Une voix cria :

– L'Empereur !

Tandis que les cavaliers mettaient sabre au clair et que les fantassins présentaient les armes dans un ensemble parfait, les rouliers tournaient tous la tête vers le portail en écarquillant les yeux. Cinq cavaliers venant de l'extérieur débouchèrent du portail à petit trot. Le premier montait un magnifique pur-sang à la robe argentée, à la crinière blanche. Bien qu'il fût tête nue, il salua militairement au passage le détachement qui lui présentait les armes.

Il fit ensuite le tour de la cour au pas avant de mettre pied à terre devant la dernière voiture du convoi. Les officiers qui accompagnaient Napoléon Ier en firent autant et abandonnèrent eux aussi les rênes de leurs montures aux valets d'écurie qui s'étaient précipités. Le groupe commença à remonter la rangée des équipages, en s'arrêtant fréquemment devant l'un ou l'autre de ceux-là pour s'entretenir avec son conducteur.

Un grand silence s'était appesanti sur la cour écrasée de soleil où les chars aux toiles blanches et les chevaux comtois aux pelages roux formaient un quadrilatère presque parfait.

Très émue, Pauline Paget sentit sa gorge se nouer et les battements de son cœur s'accélérer au fur et à mesure qu'elle vit les cinq hommes se rapprocher. Comme l'Empereur ne s'arrêtait pas systématiquement devant tous les rouliers, elle formula un vœu pour qu'il passe son chemin sans la voir.

Napoléon Ier ne tarda pas à arriver à sa hauteur. Contrairement à ce qu'elle avait espéré, il stoppa brusquement devant elle. Il portait un habit bleu à revers blancs, des épaulettes dorées, une écharpe rouge en travers de la poitrine. Il avait un visage rond, pâle et lisse, des cheveux clairsemés, une mèche rebelle sur le front. Ce qui frappa Pauline, ce fut sa petite taille, qu'il essayait de compenser en se tenant très droit. Malgré tout, il paraissait encore moins grand qu'elle.

L'Empereur la regarda d'abord un instant sans mot dire, avec une intensité, une curiosité appuyée. Elle se sentit rougir comme s'il la déshabillait des yeux.

– Comment t'appelles-tu ? demanda-t-il.

Elle pensa aussitôt qu'il n'était pas dupe. Qu'il avait deviné qu'elle était une femme. Bafouillant d'émotion, elle répondit d'une voix presque inaudible:

– Pa... Paget Paul... sire...

Il hocha plusieurs fois la tête, semble-t-il mal convaincu. Il questionna ensuite, d'un ton presque un peu bougon:

– Comment se fait-il que tu sois si jeune? Comparé à la taille de tous tes compagnons de route jurassiens, tu me sembles bien petit, bien chétif pour participer à notre expédition!

Pauline comprit que ces propos cachaient une menace. Si elle ne réagissait pas sur le champ, Napoléon risquait de l'empêcher de partir. De confier ses attelages à un conducteur d'aspect moins juvénile. Jouant le tout pour le tout, avec l'à-propos et l'impertinence dont elle faisait parfois preuve dans son village, elle répliqua aussitôt:

– L'âge ni la taille ne signifient rien, sire. Chez nous, dans le Grandvaux, on dit qu'il vaut mieux, pour faire face au danger, avoir bonne tête que grandes jambes!

Un sourire épanouit le visage de l'Empereur.

– Eh bien! Voilà ma foi une réponse pertinente! Tu viens de prêcher un convaincu, car il y a longtemps que j'applique, en ce qui me concerne, la même ligne de conduite! Je te souhaite bonne route et bonne chance au service de notre Grande Armée, petit Paget!

Napoléon acheva sa revue des rouliers sur ces mots, en saluant simplement de la tête au passage Sévère Bouvet.

Toujours suivi des quatre officiers supérieurs de son état-major, il rejoignit un péristyle donnant accès à l'intérieur du palais et disparut rapidement dans l'ombre de celui-ci. Presque au même instant, on entendit sonner midi au clocheton d'une des chapelles des Tuileries.

DEUXIÈME PARTIE

Chapitre premier

En quelques semaines, Pauline Paget venait de parcourir plus de lieues qu'elle n'en avait jamais arpentées depuis son enfance à travers le Grandvaux. Elle avait découvert au fil des routes et des chemins des régions de France et des pays d'Europe dont elle ignorait jusque-là l'existence. La colonne dans laquelle elle s'était intérée avait traversé à marche forcée successivement la Brie, la Champagne, le Luxembourg, franchi le Rhin près de Francfort et poursuivi son long périple à travers la Prusse. Le 15 mai 1812, elle venait d'arriver à Dresde, la capitale du royaume de Saxe où, selon la rumeur, l'Empereur Napoléon Ier rassemblait une importante partie de sa Grande Armée.

Les étapes journalières du convoi des rouliers francs-comtois n'avaient jamais été laissées à leur initiative. Les responsables de la maison impériale les avaient soigneusement programmées d'avance. Le capitaine Dutertre, commandant le détachement d'accompagnement, avait reçu au départ de Paris des instructions très précises. Il savait combien de lieues les chars des Grandvalliers devaient parcourir chaque jour et où ils passeraient la nuit. Il ne s'était d'ailleurs pas privé de morigéner les traînards. Grâce à lui, mais surtout au fait que les voitures n'étaient pas surchargées, la colonne était arrivée à destination dans les délais impartis.

Dès le départ des Tuileries, les rouliers avaient su ce que transportaient leurs chars. Ça n'avait pas été sans les étonner. Ceux de Pauline Paget étaient chargés de meubles précieux et de tapisseries. Ceux de Sévère Bouvet de vaisselles, de flambeaux, d'objets d'apparat. D'autres véhiculaient des coffres à linge ou à vêtements, certains du matériel de cuisine, des produits alimentaires, en particulier des tonneaux et des bouteilles de vin. Il apparaissait donc que lorsqu'il se déplaçait, l'Empereur tenait à disposer de tout ce qui contribuerait à lui assurer le même confort que celui dont il jouissait dans ses résidences des Tuileries, de Saint-Cloud ou de Fontainebleau.

Sans oublier les événements douloureux qui avaient précédé son enrôlement dans les rangs de la Grande Armée, Pauline n'en avait pas moins goûté les charmes du long voyage qu'elle venait d'effectuer à travers la France et l'Europe. Elle avait très vite assimilé les règles du métier de roulier qu'elle ne connaissait encore qu'imparfaitement au départ de Saint-Laurent. Elle savait désormais surveiller l'ensemble de son attelage depuis le siège avant de la première voiture grâce au petit miroir accroché sur la tête du cheval de flèche. Elle était capable de déceler le moindre incident simplement en entendant un tintement inhabituel des clochettes et grelots accrochés aux colliers du cheval de la voiture de queue. Elle avait appris à quel moment il fallait sauter en bas du car de tête pour serrer rapidement les freins des véhicules afin d'éviter leur emballement.

Les rudes rouliers avaient apprécié le courage de la jeune fille et gardé le secret de sa véritable identité. Aucun officier, aucun soldat de l'escorte ne savaient qu'elle était une femme. Nul ne se serait d'ailleurs avisé de lui manquer de respect, car Sévère Bouvet veillait sur elle comme un véritable père et était prêt à lui venir en aide s'il le fallait.

Depuis son départ de Saint-Laurent, les seuls problèmes qui se posaient quotidiennement à Pauline étaient d'ordre physiologique. Elle se faisait immédiatement remarquer par sa petitesse au milieu des colosses barbus du Grandvaux. Ceux qui n'étaient pas au courant se demandaient ce qu'un adolescent d'apparence fragile pouvait bien faire dans cette expédition. D'autre part, pour sa toilette, pour satisfaire ses besoins naturels, elle était obligée de s'isoler, ce qui intriguait parfois les militaires.

A trois reprises durant le voyage, la jeune roulière avait écrit aux siens, de même qu'à monsieur et madame Belbenoît, les parents de son fiancé, pour leur donner de ses nouvelles. Bien qu'elle n'eût fréquenté l'école du village que jusqu'à l'âge de douze ans, elle savait parfaitement écrire. Selon l'abbé Magnin, son vieux maître, Pauline, qui avait été la meilleure élève de sa classe, aurait pu pousser beaucoup plus loin ses études si les travaux de la ferme familiale ne l'avait pas obligée à les interrompre.

Dans ses lettres, la jeune fille avait évoqué les pays traversés, tenté de rassurer ses proches en leur laissant supposer qu'elle serait de retour dans le Haut-Jura avant la fin de l'été. Ces prévisions optimistes étaient basées sur les rumeurs qui circulaient dans les milieux militaires. On disait que la Grande Armée qui se massait aux frontières de la Russie était l'une des plus nombreuses, l'une des mieux équipées de toutes celles dont Napoléon avait pu disposer jusqu'ici pour entreprendre ses campagnes. En sachant ces forces redoutables prêtes à fondre sur son pays, le Tsar Alexandre Ier s'empresserait de signer la paix que lui proposait l'Empereur des Français. Même s'il s'entêtait à vouloir la guerre, le maître de la Russie ne pourrait pas soutenir longtemps un conflit contre un tel déferlement d'envahisseurs. Les hostilités seraient de toute façon de courte durée, ce qui permettrait une démobilisation rapide. Bien que Sévère Bouvet et un certain nombre de rouliers fussent plus réservés sur la suite des événements, Pauline s'accrochait à cet espoir d'un prochain retour dans le Jura. Inquiète sur la façon dont les choses se passaient à la ferme familiale, il lui tardait d'y revenir pour y prendre sa part du travail. Et puis il y avait le problème toujours latent de la disparition de son père. A présent qu'elle savait que Guillaume Pécherey en était l'auteur, elle avait hâte de lui faire avouer la vérité et d'apprendre ce qu'il avait fait de sa victime.

Quant à Louis Belbenoît, son malheureux fiancé, on pouvait penser que le danger d'une nouvelle guerre s'étant éloigné, l'Empereur serait sans doute plus clément avec les insoumis et ferait bénéficier ceux-ci d'une amnistie.

En arrivant à deux lieues de Dresde, les rouliers du Grandvaux furent frappés de voir l'impressionnante concentration militaire dont on leur parlait depuis leur départ de Paris. Des dizaines et des dizaines de milliers d'hommes occupaient les collines, les bosquets, les prairies situées à la périphérie de la ville. Des soldats de toutes armes, de toutes nationalités bivouaquaient sous un chaud soleil printanier. Ici s'étaient rassemblés des régiments d'artillerie, avec leurs centaines d'affûts de canons sur roues, alignés comme à la parade. Ailleurs, des multitudes de fantassins se livraient à l'exercice au son des tambours et des trompettes Plus loin, des brigades de cavaliers galopaient sabre au clair, cuirasses et casques resplendissants dans la lumière. Des caissons de munitions, des fourgons chargés de matériel, des ambulances, des voitures de cantinières stationnaient à proximité des campements. Près de ces véhicules étaient parqués une incroyable quantité de chevaux de trait et de selle originaires de tous les pays d'Europe, des rustiques équidés de labour aux fringants tireurs de calèches, sans compter nombre de pur-sang affectés aux officiers. On voyait également des mulets venus des montagnes pyrénéennes et les attelages de bœufs des galvachers[1] du Morvan.

Aucun laisser-aller, aucune anarchie ne régnait dans le dispositif de ce gigantesque rassemblement d'hommes, d'animaux et de véhicules. Chaque unité occupait une place qui avait été soigneusement déterminées à l'avance. Des cavaliers de la maréchaussée arrêtaient tous les convois qui affluaient des quatre points cardinaux vers la ville de Dresde. Après avoir pris

---

[1] Noms donnés autrefois aux rouliers du Morvan.

connaissance des feuilles de routes des arrivants, ils les escortaient vers le lieu de stationnement qui leur était affecté.

Les rouliers du Grandvaux n'échappèrent pas à ce contrôle. Ils eurent la satisfaction d'apprendre qu'ils ne camperaient pas à l'extérieur de la cité, comme la plupart des régiments, mais seraient logés intra-muros. Un gendarme précéda donc les Francs-Comtois jusqu'à l'endroit prévu.

Pauline fut une fois encore émerveillée par la découverte de cette nouvelle ville, entièrement entourée d'une enceinte monumentale. Après avoir franchi un large fleuve appelé Elbe sur un pont que dominaient les flèches d'une merveilleuse cathédrale, le convoi des Grandvalliers fut guidé au long d'avenues bordées d'immeubles de style baroque, jusqu'à un imposant château désigné sous le nom de Grand Palais. Comme aux Tuileries, des valets en livrée les attendaient dans la cour d'une des dépendances. Ce furent eux qui déchargèrent, avec d'infinies précautions, une partie des voitures et transportèrent leur contenu à l'intérieur du château. Comme à Paris, un majordome, porteur d'une liste numérotée, régla ce ballet de déménageurs.

S'étant renseigné auprès d'un des domestiques, Sévère Bouvet apprit que l'Empereur et son épouse arriveraient à Dresde le lendemain 16 mai et qu'ils y accueilleraient les jours suivants le père de l'impératrice, François Ier d'Autriche, le roi de Prusse, et de nombreux ducs et archiducs européens. Le bruit courait même que le Tsar de Russie serait de la fête et signerait à l'occasion de cette réunion un traité de paix définitif avec la France et ses alliés, ce qui mettrait un terme aux rumeurs de guerre.

Le soir de leur arrivée, les rouliers du Grandvaux furent particulièrement bien traités. On les fit manger dans une vaste salle de garde, où un bœuf entier fut rôti pour eux à la broche, et plusieurs tonnelets de vin du Rhin mis en perce. Leurs chevaux ne furent pas non plus oubliés. Ils reçurent double ration de fourrage et d'avoine. Profitant de cette générosité impériale, Sévère Bouvet s'arrangea pour loger sous les toiles de ses voitures deux nouveaux sacs de provende et quelques bottes de foin.

Après s'être copieusement restaurés, les Jurassiens passèrent la nuit sur des litières de paille fraîche à l'intérieur des écuries du Grand Palais, qui pouvaient accueillir plusieurs centaines de chevaux et de conducteurs.

Le matin suivant, après les soins quotidiens apportés à leurs bêtes, les rouliers s'en allèrent par petits groupes à la découverte de Dresde. Pauline Paget eut beaucoup de plaisir à flâner dans les rues, à s'arrêter devant les boutiques des marchands et des artisans. Comme elle l'avait déjà été à Paris, elle fut très impressionnée par la hauteur des immeubles aux façades colorées, par la beauté des monuments, par le charme des parcs. Une intense animation régnait dans la capitale du royaume de Saxe. Des ouvriers travaillaient activement à dresser des arcs de triomphe, des tribunes, à décorer de guirlandes les façades des maisons, tout le long des artères que les monarques européens emprunteraient bientôt pour se rendre au Grand Palais et à la cathédrale, où auraient lieu les cérémonies. Déjà, de nombreux carrosses, des calèches et autres voitures de luxe appartenant à de hauts personnages affluaient dans la capitale, dont tous les hôtels, toutes les auberges avaient été réquisitionnés pour accueillir les suites des illustres visiteurs.

Ayant appris que Napoléon Ier et l'impératrice Marie-Louise arriveraient dans la soirée et traverseraient l'Elbe sur le pont Augustus, Pauline et ses amis jurassiens se postèrent à l'extrémité de celui-ci, au pied de la cathédrale, pour voir passer le cortège. Une foule immense stationna sur plusieurs rangs durant des heures à cet endroit. Des soldats avaient été placés de chaque côté du pont. Tous étaient munis d'une torche qu'ils devraient enflammer à vingt-trois heures précises, lorsque résonnerait au loin une salve d'artillerie annonçant l'arrivée de l'Empereur.

Parfaitement réglé, le défilé nocturne commença à l'instant prévu. Il fut précédé du grondement des canons, puis d'une clameur poussée par des milliers de poitrines qui monta, s'enfla, se prolongea durant plusieurs minutes:

– Vive l'Empereur! Vive l'impératrice!

Dressée sur la pointe des pieds en raison de sa petite taille, Pauline vit s'approcher lentement, entre le long couloir lumineux des torches, un imposant cortège de carrosses, de calèches, précédées de mamelouks et de hussards sabres au clair. Dans la première voiture, elle reconnut Napoléon, tête nue, souriant, conversant avec son épouse, aux épaules recouvertes d'une étole de fourrure blanche, un diadème dans les cheveux. L'un des cavaliers de l'escorte impressionna la jeune roulière par son allure altière. Il portait un dolman aux tresses d'or, une toque à aigrette et des boucles d'oreilles en diamant que la lueur des torches faisait scintiller. Des carabiniers à cheval aux cuirasses de cuivre, aux casques à chenilles de crin rouge suivaient l'officier dont le passage fut salué par des applaudissements et des cris:

– Vive Murat! Vive Murat!

De sa vie, Pauline Paget n'avait assisté à un aussi beau spectacle. Le soir même, avant de se coucher, elle en fit, pour les siens, le récit dans une lettre écrite sur une tablette, à la lueur d'une lampe de voiture, dans un coin de l'écurie.

Les jours suivants, les fêtes se poursuivirent par l'arrivée des monarques autrichiens et prussiens accompagnés d'une multitude de personnages importants, d'aides de camp, de secrétaires, de domestiques. Un Te Deum fut célébré dans la cathédrale de Dresde en présence de ces hôtes de marque. A l'apogée de son règne, Napoléon Ier n'avait rien négligé pour que ses invités soient impressionnés par le faste de ses réceptions. Des dîners d'apparat, des concerts, des bals eurent lieu chaque soir au Grand Palais, dans le prestigieux décor de tapisseries des Gobelins, de glaces vénitiennes, de meubles précieux, de candélabres d'argent que les responsables de la maison impériale avaient fait transporter depuis Paris.

Toujours aussi débrouillard, Sévère Bouvet eut, grâce à un

domestique avec lequel il avait lié connaissance, l'occasion de pouvoir assister avec Pauline à plusieurs de ces festivités en regardant à travers une lucarne, d'où l'on dominait le salon d'honneur. La jeune fille fut éblouie par la magnificence de ces soirées, où les toilettes des femmes rivalisaient avec l'éclat des costumes et des uniformes portés par les hommes. Des concerts eurent lieu au cours desquels se produisirent des musiciens et des artistes des Opéras de Vienne et de Paris. Il y eut aussi des dîners opulents servis par des escouades de valets en perruque, de nombreux bals sous la lumière des lustres et des torchères.

La jeune roulière conserva un souvenir ambigu de ces soirées. Elle qui n'avait jamais porté que le costume traditionnel des Granvallières lors des fêtes villageoises, se demanda comment il était possible que des femmes puissent s'offrir des toilettes aussi luxueuses, des bijoux d'une telle valeur. Comment, alors que tant de miséreux mouraient de faim dans les villes et les campagnes, pouvait-on gâcher autant de nourritures délectables.

Elle qui ne connaissait rien à la politique se posa aussi cette question: pourquoi ces puissants qui festoyaient ensemble, qui se faisaient mille grâces, mille amabilités, en arrivaient-ils à se déclarer la guerre, pour le plus grand malheur des peuples?

Chapitre II

Le miracle attendu par tous ceux qui espéraient en la paix ne s'était pas produit. Le Tsar Alexandre Ier n'était pas venu se joindre à Dresde aux autres monarques européens. Les fêtes organisées par Napoléon s'étaient soldées politiquement par un bilan mitigé. Son beau-père, François Ier d'Autriche, le roi Frédéric-Guillaume de Prusse, n'avaient guère été enthousiastes à l'idée de participer à une opération militaire contre la Russie. Malgré leurs réticences, en sa qualité de nouvel Empereur des princes de la Confédération du Rhin, l'ex-général Bonaparte les avait néanmoins contraints à joindre leurs troupes à celles qu'il rassemblait sur les frontières orientales de la Pologne.

Les forces napoléoniennes en route vers l'est étaient à présent constituées d'une véritable Babel de nations. Outre les unités françaises formant environ la moitié des effectifs, la Grande Armée comptait aussi des Wurtenbergeois aux uniformes verts, des Portugais aux shakos ornés de plumets rouges, des lanciers polonais aux hampes garnies de flammes multicolores, des Italiens, des Espagnols, des Croates, des Dalmates... Les Prussiens se trouvaient à l'aile gauche, les Autrichiens à l'aile droite. L'ensemble de cette gigantesque formation militaire représentait sept cent mille hommes!

La campagne commença le 22 juin 1812, après qu'on eut donné connaissance à toutes les unités, dans leurs langues respectives, de la proclamation de l'Empereur, qui débutait par ces mots:

«Soldats, la deuxième guerre de Pologne est commencée!...»

C'est ainsi que les rouliers du Grandvaux furent entraînés malgré eux dans la nouvelle aventure guerrière de Napoléon. Ils avaient déjà repris la route depuis trois semaines en direction de Lodz et de Varsovie, toujours escortés par la même unité de grenadiers de la garde impériale et de chasseurs à pied, commandée par le capitaine Dutertre.

Pauline n'avait pas quitté Dresde sans regrets. Jusqu'au dernier moment, elle avait espéré qu'un traité de paix serait signé dans la capitale de la Saxe et qu'elle pourrait regagner la France avec ses compagnons jurassiens. Hélas! lorsqu'un matin les domestiques du Grand Palais avaient à nouveau emballé les affaires de l'Empereur pour les charger méthodiquement sur les voitures, ses espoirs s'étaient envolés. On avait appris en même temps aux rouliers quelle serait leur nouvelle destination: la Pologne!

La jeune fille avait dû faire preuve de beaucoup de volonté pour ne pas pleurer. Comprenant sa déception, Sévère Bouvet s'était empressé de la réconforter. Il avait tenté de la rassurer en lui expliquant que, compte tenu de la disparité des forces en présence, la guerre ne durerait sans doute pas longtemps. Selon ce qui se disait dans les milieux militaires, les Russes ne disposaient que de la moitié des effectifs de la Grande Armée et ne pouvaient aligner que deux fois moins de canons. Ils seraient défaits dès la première bataille.

Sans trop croire à ces propos, Pauline avait tristement repris la route avec ses compagnons. Ce n'était pas la double solde qu'on venait de lui distribuer, comme à tous les autres rouliers, qui pouvait atténuer sa déception et ses craintes. Elle savait que chaque tour de roue de ses chars l'éloignerait encore un peu plus de la France. Ses soucis concernant les siens restaient entiers. Depuis son départ de Saint-Laurent, elle était privée de toutes nouvelles les concernant. Elle se demandait si la maladie de sa pauvre mère ne s'était pas aggravée. Comment ses frères se débrouillaient-ils pour mener les affaires de la ferme des

Egarés ? Avait-on du nouveau au sujet de la disparition de leur père ? Et son fiancé ? Quel sort le tribunal militaire lui avait-il réservé ? Etait-il encore en vie ?

Chaque jour, tout en roulant sur les routes de Prusse, puis de Pologne, Pauline n'avait cessé de se poser ces questions. Elle savait qu'elle n'était pas à la veille d'en connaître les réponses, car même si on lui écrivait depuis la France, elle ignorait quand elle pourrait recevoir du courrier.

Le matin du 25 juin 1812, après avoir traversé sous le soleil la vaste plaine de Gumbinen, la colonne des Grandvalliers arriva en vue d'un large cours d'eau qu'on annonça comme étant le Niémen. Celui-ci servait, dit-on, de frontière naturelle entre la Lituanie et la Russie Blanche.

Déjà, la cavalerie de Murat s'était élancée sur les trois ponts flottants permettant de franchir le fleuve. Suivie par plusieurs régiments d'infanterie et d'artillerie, elle s'était déployée sur la rive opposée, où l'on voyait flamber des villages. On annonça que l'Empereur assisterait, dans la journée, depuis une hauteur, au passage de ses troupes. Les Grandvalliers n'eurent pas l'occasion de le revoir. Comme ils devaient le précéder dans ses bivouacs, leur petit convoi intégré au train des équipages des forces du maréchal Davout traversa le Niémen avant l'arrivée du chef de la Grande Armée.

La plaine dans laquelle s'engagèrent les Jurassiens était une étendue déserte dont les confins, à perte de ciel, tremblaient dans la lumière crue de l'été. Les régiments de cavalerie de l'avant-garde soulevaient au loin d'énormes nuages de poussière jaunâtre qui permettaient de suivre le serpentement de leur avancée sur les chemins de terre.

Les difficultés qui attendaient les envahisseurs apparurent dès le premier soir. Le village où les rouliers et leur escorte firent halte pour la nuit avait été incendiés par les Russes en retraite. Les ruines des pauvres maisons de bois qu'on appelait ici des isbas fumaient encore. Redoutant que les puits ne fussent empoisonnés, le capitaine Dutertre, commandant le détachement, interdit qu'on les utilisât, même pour abreuver les chevaux. Il envoya quelques-uns de ses cavaliers en éclaireurs dans les environs, où ceux-ci finirent par trouver une source d'eau potable.

L'Empereur, qui tenait à assister au passage de toute son armée sur les ponts du Niémen, ne rejoignit pas son bivouac cette nuit-là et sa grande tente ne fut pas montée.

Les jours suivants, la marche sur Vilna, la première grosse ville, sise à vingt-cinq lieues de la frontière, que l'état-major de la Grande Armée s'était fixé comme objectif, se poursuivit rapidement dans la lumière intense, un air calme, silencieux et torride. L'eau devint de plus en plus la préoccupation principale des envahisseurs. Sous le soleil de plomb, les hommes à pied de l'escorte, portant leurs quarante livres d'armes et d'équipement sur le dos, souffrirent de plus en plus de la soif. Comme on le redoutait, beaucoup de puits avaient été souillés par du fumier, parfois par des cadavres d'animaux. Les rouliers et leur escorte n'étaient pas les seuls à souffrir de la soif. En se retournant sur son siège, Pauline pouvait voir onduler derrière elle, dans la plaine, une interminable chenille noire environnée de poussière. Les centaines de milliers d'hommes, les dizaines de milliers de chevaux subissaient tous les effets de la canicule et de la fatigue.

Chaque soir, les étapes n'offraient pas de havres de repos pour les soldats de la Grande Armée. Les villages abandonnés par leurs habitants étaient en ruines et dépeuplés. A leur arrivée à Vilna, les envahisseurs trouvèrent la ville en flammes. Une fois encore, avant de se retirer, les Russes avaient mis le feu aux entrepôts de vivres et de fourrage, mais aussi aux maisons. Il apparaissait à présent que l'armée du Tsar avait décidé de battre en retraite sans combat et de pratiquer la politique de la terre brûlée. Les traînards qu'on faisait prisonniers racontaient tous que les généraux Barclay et Bagration, commandant les forces ennemies, avaient donné l'ordre de tout détruire ce qui pouvait servir aux envahisseurs avant de se retirer.

Bientôt, le long des routes qui traversaient parfois d'épaisses forêts de bouleaux et de trembles, les Français et leurs alliés commencèrent à subir les harcèlements de bandes de paysans grossièrement armés de vieux fusils, de haches et de piques. Ils tendaient de rapides embuscades et s'enfuyaient ensuite dans la profondeur des bois où ils avaient trouvé refuge avec leurs familles et leurs bestiaux.

A ces difficultés ne tarda pas à s'ajouter un redoutable problème: celui du temps. Un après-midi, le ciel de métal fondu se couvrit de nuages jaunâtres. La chaleur devint de plus en plus insupportable. Les chevaux, aiguillonnés par des essaims de mouches et de taons, essayèrent en vain de s'en défaire par d'incessants mouvements d'encolure. Sous leurs uniformes de drap épais, les hommes ruisselaient de sueur. Certains, dont les gourdes étaient vides, tombèrent, victimes d'insolation, au bord du chemin.

En quelques minutes, le ciel devenu noir se balafra d'éclairs. Le vent se leva, brassa la poussière et malmena les toiles des voitures, dont il fallut resserrer les attaches. Les premières gouttes tombèrent, avidement bues par la terre sableuse. Puis une lourde pluie d'orage se déversa en cataractes sur la plaine, en soulevant des brumes de touffeur.

Toute la nuit, un déluge de feu et d'eau s'abattit sur les bivouacs de la Grande Armée. La foudre tua plusieurs hommes et plusieurs chevaux. La pluie mouilla la poudre des fusils, détrempa les vêtements des soldats, transforma en éponges leurs rations de pain et de biscuits dans les havresacs.

Les rouliers du Grandvaux, habitués depuis longtemps à subir les intempéries, n'eurent pas trop à souffrir de cette nuit d'orage. Chacune de leurs voitures de tête était munie d'une capote en cuir à l'abri de laquelle les conducteurs se réfugiaient et où ils pouvaient s'étendre sur une couchette. Quant à leur pain, il s'agissait des fameux «bôlons», grosses boules d'orge et de seigle, dures comme de la pierre, qu'ils devaient attendrir en les trempant dans de l'eau ou du lait. La pluie ne changea donc pas leurs habitudes.

Au petit matin, lorsque Pauline se réveilla, l'orage s'était éloigné vers le nord. Comme tous ses compagnons, elle eut la surprise de constater qu'à la place de la poussière, le chemin disparaissait sous un véritable lac d'eau boueuse.

Dès que le convoi eut repris la route, d'autres difficultés commencèrent. Les régiments d'artillerie précédant le train des équipages avaient littéralement labouré la piste détrempée. Plusieurs affûts s'étaient embourbés jusqu'au moyeu et barraient le chemin. De longues files de véhicules arrêtés s'allongeaient dans la plaine. L'incident allait retarder de plusieurs heures la progression de la Grande Armée.

A cette occasion, le savoir-faire des Grandvalliers fit merveille. C'était souvent leur lot d'affronter ce genre de problème durant leurs pérégrinations sur les routes de France et d'Europe. Prenant délibérément la direction des opérations, Sévère Bouvet et ses amis s'en allèrent couper des petits bouleaux dans les bois voisins, les nouèrent en fascines, puis les disposèrent à leur façon au creux des sillons devant les roues des canons. Ils doublèrent ensuite les attelages en leur adjoignant leurs propres chevaux mis en flèche. Les solides Comtois firent merveille et, en quelques dizaines de minutes, de nombreux affûts furent désembourbés. L'opération recommença plusieurs fois durant la journée, à la grande satisfaction de l'état-major du maréchal Davout.

Hélas ! Les unités suivantes ne purent pas toutes bénéficier de l'expérience des rouliers et leur marche s'en trouva beaucoup retardée.

Les régiments de cavalerie, d'infanterie et d'artillerie de l'avant-garde ayant largement distancé le gros de l'armée, ils ne purent recevoir les approvisionnements prévus à chaque étape. Comme la plupart des agglomérations et des récoltes avaient été incendiées, les éléments avancés ne purent trouver à se ravitailler sur le terrain. Durant le mois qui suivit le franchissement du Niémen, une terrible pénurie alimentaire s'abattit sur les troupes qui se trouvaient en pointe. Les hommes et les chevaux en furent amenés à boire des eaux putrides, souvent tirées de puits empuantis par des charognes. Le pain manquant, il fallut se contenter de bouillies infectes. La dysenterie et les fièvres firent des ravages parmi les hommes, qui continuèrent à souffrir d'une alternance de périodes de grande chaleur et de pluie. Les ambulances étant insuffisantes, beaucoup de malades furent abandonnés à leur triste sort en bordure des chemins. Quant aux chevaux, la quantité de ceux qui crevèrent d'épuisement et de faim dépassa l'imagination. Privés de toute nourriture, ils se mirent à ronger du bois, à brouter les chaumes pourris des isbas, mais surtout à se repaître de seigle vert et d'herbe humide, ce qui leur donna le gros ventre et les fit périr par milliers.

Ces misères humaines et animales démontrèrent une nouvelle fois à Pauline Paget à quel point la sagesse de Sévère Bouvet était grande. Elle se félicita d'avoir suivi ses conseils en faisant discrètement provision de fourrage et d'avoine pour ses bêtes et de ne pas avoir puisé dans les provisions de route qu'elle gardait pour elle-même. A chaque étape, elle constata d'ailleurs que tous les rouliers du Grandvaux avaient plus ou moins imité leur doyen, si bien qu'ils n'eurent pas, ni pour eux ni pour leurs chevaux, à souffrir de la disette qui jalonnait de cadavres d'hommes et d'animaux l'itinéraire suivi par la Grande Armée.

Cependant, tout en continuant de progresser dans le flot de l'immense cohorte, la jeune roulière ne s'en demanda pas moins jusqu'où se poursuivrait cette marche infernale.

Que cherchait donc l'Empereur en les lançant à travers les immensités de ce pays de landes arides, de forêts sombres et de marais fangeux ? Quelles richesses espérait-il s'approprier en dépouillant le pauvre peuple russe, que des siècles de froidures, de famines et de loups avaient rendu plus misérable que les plus misérables des montagnards du Haut-Pays franc-comtois ?

Chapitre III

Malgré les aléas qui entravaient sa marche, la progression de la Grande Armée à travers les étendues des plaines russes s'était poursuivie. Le déferlement d'un fleuve intarissable d'hommes, de chevaux, de canons, de fourgons, de voitures de toutes sortes avait submergé la ville de Vitebsk en juillet, puis celle de Smolensk en août. Chaque fois, Napoléon Ier avait espéré pouvoir affronter enfin lors d'une grande bataille les armées du Tsar. Chaque fois, celles-ci s'étaient dérobées et l'infernale poursuite avait continué.

En pénétrant dans les cités conquises presque sans combat, les Français et leurs alliés ne trouvaient partout que ruines et désolation. Avant de se retirer, l'ennemi barbare incendiait les bâtiments publics, les maisons, même les églises. Plusieurs centaines de malades et de blessés avaient trouvé refuge dans ces sanctuaires. Malgré cela, les autorités militaires russes n'avaient pas hésité à y mettre le feu, condamnant ainsi leurs propres compatriotes à une mort atroce.

A Viazma, le prince Bagration avait semblé vouloir défendre cette place, située à un important carrefour stratégique. De violents accrochages s'étaient produits entre les belligérants pendant deux jours, mais une nouvelle fois, dans la nuit du 27 au 28 août 1812, l'armée du Tsar avait décampé, laissant la ville en flammes derrière elle.

Le petit convoi des rouliers du Grandvaux continuait de suivre le flux de la gigantesque colonne des forces impériales. Il n'était plus directement derrière les éléments de tête. A plusieurs reprises, les Jurassiens avaient dû garer leurs voitures sur le bord de la route pour laisser passer des régiments de cavalerie, d'artillerie, d'infanterie destinés à venir renforcer les avant-gardes de Murat et de Davout. A présent que les Grandvalliers se trouvaient dans le gros de l'armée, les approvisionnements arrivaient dans de meilleures conditions aux étapes. Jusqu'ici, ils n'avaient jamais eu à monter un bivouac pour l'Empereur, qui devait passer ses nuits au milieu de ses soldats. Les rouliers se demandaient pourquoi, dans ces conditions, on leur faisait transporter tant de précieux mobiliers, d'éléments de décoration, de vaisselles et d'objets inutiles. A quoi tout ce luxe servirait-il dans ce pays ravagé?

Pauline Paget et ses compagnons étaient épouvantés en voyant s'accroître de jour en jour le nombre des cadavres d'hommes et de chevaux en bordure de leur route. Des milliers et des milliers d'entre eux jonchaient les abords de la chaussée. Dès qu'un officier ou un soldat mourait, il était aussitôt dépouillé de ses bottes ou de ses souliers car, pour les fantassins, les chaussures, qui s'usaient vite durant la longue marche, étaient un bien inestimable. Comme on n'avait pas le temps d'enterrer les cadavres, ceux-ci servaient aux sinistres ripailles de corbeaux sortis des profondeurs des bois environnants.

L'hécatombe subie par ses troupes avant même d'avoir affronté celles de l'adversaire ne semblait pas émouvoir l'Empereur. Au lieu de laisser souffler un peu son armée, il la contraignait au contraire à avancer à marche forcée en direction de Moscou. La cité du Tsar était son obsession, l'objectif primordial de sa campagne. S'il prenait cette ville, il était persuadé que l'empire d'Alexandre Ier s'effondrerait. Il deviendrait le maître de l'Europe, de la Méditerranée à l'Oural.

En ce début du mois de septembre 1812, le temps s'était remis au beau. Le soleil déversait à nouveau sa lumière et sa chaleur sur les plaines et les forêts de la Russie. Les hommes, les chevaux recommençaient à soulever des nuages de poussière sous leurs pas. Les canons et les voitures ne s'embourbaient plus dans les ornières asséchées. Malgré les traînards, les malades, les malheureux abandonnés à leur triste sort au revers des talus, les soldats de la Grande Armée, sentant proche le terme de leur long voyage, avaient retrouvé un peu de leur allégresse du départ. Ils accéléraient à nouveau leur marche en sachant que quelques journées seulement les séparaient encore de Moscou, la ville dont ils rêvaient tous.

Tandis qu'ils stationnaient, un matin, à l'orée d'un bois pour permettre à des renforts d'infanterie de les doubler, les compagnons de Pauline eurent la surprise de voir déboucher au détour de la route un convoi semblable au leur, reconnaissable à ses chevaux et à la forme particulière de ses chars bâchés.

Il s'agissait d'une autre colonne de rouliers de Grandvaux!

La rencontre entre les Francs-Comtois fut un moment de joie intense. Les nouveaux venus racontèrent qu'ils avaient quitté Saint-Laurent un bon mois après le départ des premiers requis. On les avait dirigés directement vers la Pologne, sans transiter par Paris ni par Dresde. Leurs voitures étaient chargées de caisses d'armes et de munitions destinées au régiment d'infanterie impériale qu'ils accompagnaient.

Parmi les arrivants, Pauline Paget reconnut immédiatement Marcelin Blondeau, un proche voisin de ses parents. C'était un homme dans la trentaine, grand et fort, au regard rayonnant de franchise, au visage embroussaillé par une barbe sauvage. Elle s'approcha de lui et le salua par son nom. Tout d'abord, il ne la reconnut pas dans ses vêtements masculins, sous un chapeau noir à larges bords. Puis son visage s'éclaira d'un sourire:

– C'est donc toi, p'tiote? J'suis content de te revoir.

– Moi aussi, dit-elle. Ça fait plaisir de retrouver quelqu'un qu'on connaît... si loin du pays...

Sans plus attendre, elle lui posa cette question:

– Pouvez-vous me donner des nouvelles de ma mère et de mes frères, monsieur Blondeau?

Le roulier parut un peu embarrassé, puis finit par répondre:

– Quand je suis parti, ta mère n'allait toujours pas bien fort...

Comme elle le regardait d'un air navré, il s'empressa d'ajouter:

– Mais pas plus mal... Non, pas plus mal... Quant à tes frères, ils avaient l'air de bien se débrouiller... Faut dire qu'à Saint-Pierre, on les aide beaucoup... Le temps étant resté au beau, ils ont pu labourer quelques champs...

Pauline ne fut guère plus éclairée qu'avant. Cependant, sachant que son interlocuteur était un homme sincère, elle ne mit pas ses paroles en doute. Certes, l'état de santé de sa mère ne semblait pas s'être amélioré, mais elle vivait! Pour ses frères, ils paraissaient maîtriser la situation, c'était l'essentiel.

Une autre question brûlait les lèvres de Pauline. Elle la posa:

– Sait-on ce qu'il est arrivé à Louis Belbenoît, de l'Abbaye, mon fiancé?

Marcelin Blondeau secoua plusieurs fois la tête.

– En ce qui le concerne, à Saint-Pierre on ne sait rien.

Comme il lisait la déception sur le visage de la jeune fille, il ajouta très vite:

– On dit que les réfractaires que les gendarmes ont repris ces derniers temps n'ont pas été fusillés. Le fils Janier, de La Chaumusse, arrêté une semaine avant ton promis, a été embrigadé dans un régiment de marche. Louis Belbenoît a sans doute connu le même sort...

Il soupira, tira sa pipe de l'une des poches de sa blouse, la bourra de tabac avant de poursuivre:

– Quand on voit les pertes que notre armée subit dans ce foutu pays, on comprend que l'Empereur n'a pas intérêt à sacrifier des conscrits pour rien. A mon avis, il doit se dire qu'il vaut mieux enrôler les réfractaires que les faire fusiller!

Malgré leur imprécision, ces propos rassurèrent un peu Pauline Paget. Une troisième question la préoccupait. Elle l'exprima:

– Savez-vous si les gens de Grande-Rivière ont été aussi requis?

Avant de répondre, l'autre battit le briquet et alluma sa pipe en prenant grand soin de ne pas enflammer les poils folâtres de ses moustaches hirsutes.

– A ma connaissance, ils l'ont été comme tous les autres, dit-il. L'ordre de réquisition de l'armée concernait l'ensemble des rouliers des villages du canton.

– Et Guillaume Pécherey? Est-ce qu'il est parti?...

Cette demande de précision étonna Marcelin Blondeau. Lui non plus ne devait pas éprouver beaucoup de sympathie pour ce personnage. Afin de se donner un temps de réflexion, il tira une longue bouffée de sa pipe, rejeta lentement la fumée, puis expliqua:

– Oui, je crois que Pécherey était présent sur la place de Saint-Laurent le matin du rassemblement. Mais ceux de Grande-Rivière et des Mussillons ont formé un convoi séparé. Le nôtre est parti avant le leur. On ne les a plus revus par la suite...

Ce fut à son tour d'être intrigué par la question que la jeune fille venait de lui poser. Il demanda:

– Pourquoi tu t'intéresses à Pécherey?

– Parce qu'il a été la dernière personne à avoir vu mon père avant sa disparition.

Le roulier hocha la tête, puis il dit laconiquement:

– Pécherey a toujours été un drôle de type... Pas très intéressant...

La seconde colonne des voituriers du Grandvaux n'était pourtant pas immobilisée depuis longtemps, mais elle obstruait la chaussée, sur laquelle arrivait un lourd régiment d'artillerie. Un officier à cheval déboula au galop et commença à gueuler:

– Bon Dieu! Qu'est-ce qui vous prend de vous arrêter? Vous allez bloquer ceux qui suivent! Il faut qu'on soit à Borodino ce soir! On n'a pas de temps à perdre! Reprenez la marche! Vite! Vite!

A regret, les deux groupes de Grandvalliers se séparèrent.

Les conducteurs du second convoi remontèrent sur leurs chars en faisant claquer leurs fouets pour remettre leurs chevaux en marche.

– Adieu ma belle! cria Marcelin Blondeau à l'adresse de Pauline. On se reverra peut-être un peu plus tard! D'ici-là, Dieu soit avec toi! Bonne chance!

– Bonne chance aussi pour vous! répondit Pauline en le saluant de la main.

Le convoi ne tarda pas à disparaître à la corne d'un bois de bouleaux qui fermait l'horizon. Il fut peu de temps après remplacé par d'autres colonnes de soldats fourbus et de chevaux étiques, au-dessus desquels flottait un dais de poussière.

Les rouliers, escortés par les hommes du capitaine Dutertre, reprirent la route après le passage de leurs compatriotes du Grandvaux, à l'heure où les feux du soir commençaient à embraser l'horizon lointain de couleurs pourpres.

– Il est prévu que nous arriverons à Borodino dans la nuit, précisa l'officier accompagnateur. J'ai reçu l'ordre de faire dresser la tente de l'Empereur. Il sera là demain matin.

– Qu'est-ce que c'est donc ce Borodino? questionna l'un des Grandvalliers.

– Un de leurs foutus patelins, répondit le capitaine. Paraît que les Russes l'ont fortifié et qu'ils vont le tenir car c'est leur dernière ligne de défense avant Moscou, à deux jours de marche de là.

Il ajouta en plaisantant:

– Depuis le temps qu'elle nous fait courir, c'est pas trop tôt qu'on puisse enfin l'avoir en face de nous, cette fameuse armée du Tsar! Pour dérouiller nos fusils et nos sabres et lui foutre une bonne raclée!

Chapitre IV

Les rouliers arrivèrent comme prévu aux alentours de minuit à proximité de Borodino. La plaine brasillait de milliers de feux de camp autour desquels bivouaquaient près de cent cinquante mille hommes de la Grande Armée. Sur les sept cent mille soldats et civils qui avaient traversé le Niémen le 25 juin dernier, ceux qui campaient au pied de la place forte russe étaient les seuls encore en état de combattre. Les autres avaient usé leurs forces et leurs souliers, crevé leurs chevaux au cours de l'interminable marche qui les avait amenés aux portes de Moscou au terme d'un parcours de deux cent cinquante lieues depuis Varsovie. Des milliers d'entre eux étaient morts d'épuisement, de dysenterie, du typhus, ou s'étaient fait massacrer dans les embuscades tendues par les paysans russes. Leurs corps écartelés au revers des talus servaient à présent de proie aux rapaces et aux loups venus de Sibérie, attirés par la perspective de futurs carnages.

Par unités entières, le plus souvent en bandes désorganisées, le reste de l'armée napoléonienne allait sans cesse en s'effilochant depuis Smolensk sur les routes défoncées de la Russie. Il avait fallu abandonner non seulement des canons, des caissons de munitions embourbés, mais aussi des malades que les services de santé déficients avaient été incapables de prendre en charge.

Parmi les traînards se comptaient les inévitables suiveurs des armées en campagne, marchands ambulants, cantinières, filles à soldats et maraudeurs de toute espèce attendant l'heure des batailles et des rapines.

La désertion avait fait aussi beaucoup de ravages dans les rangs de la Grande Armée. De nombreux régiments étrangers avaient fait demi-tour dès les premières difficultés dues à la boue et étaient rentrés chez eux. Peu motivés au départ, ils avaient refusé de participer plus avant à une aventure qui ne les concernait guère et dont ils pressentaient qu'elle se terminerait mal.

Dans la nuit, malgré la lune et le ciel bien étoilé, les Grandvalliers distinguèrent peu le paysage environnant Borodino. C'est à peine s'ils purent apercevoir les reflets flous d'un large cours d'eau. On leur apprit qu'il s'agissait de la Kolostcha, un affluent de la Moskowa, la rivière qui arrosait Moscou. La ville de Borodino était située sur la rive droite, défendue par une ceinture de forteresses érigées sur des mamelons. Pour l'heure, on ne repérait ce système de défense que par les fanaux des patrouilles ennemies sur les chemins de ronde.

Comme d'habitude, la logistique de l'ensemble du convoi de la maison impériale avait bien fonctionné. Une large aire de stationnement avait été réservée aux Grandvalliers. Sous les ordres du capitaine Dutertre, ils y alignèrent leurs voitures et, après les avoir dételées, parquèrent leurs chevaux dans un enclos entouré de piquets et de cordes. Puis l'officier, tenant toujours sa fameuse liste en main, ordonna à ses hommes d'aider les rouliers à décharger certains chariots. Surtout trois d'entre eux qui contenaient deux grandes tentes et du mobilier de campagne, lits, tables, bureau, fauteuils, tabourets...

Pauline Paget, qui ne transportait pas ce genre de matériel, fut dispensée de la corvée du déchargement. Elle s'empressa de rejoindre sa couchette sous la capote de sa voiture de tête.

Elle était harassée, car ses compagnons et elle avaient dû parcourir huit lieues ce jour-là pour atteindre l'étape de Borodino.

La jeune fille dormait encore à poings fermés le lendemain

matin lorsqu'un grand remuement extérieur la tira de son sommeil. Une sonnerie de trompette, un piétinement de chevaux, les pas cadencés d'une troupe en marche, toute une série d'ordres lancés par des officiers se firent entendre. Elle sortit à demi la tête de dessous la capote de son char pour voir ce qui se passait.

Il ne faisait pas encore complètement jour, mais la lune et les étoiles commençaient à s'effacer discrètement dans le ciel, qui avait pris une teinte gris-bleu annonciatrice de l'aurore. Grâce à cette lumière encore ténue, Pauline put distinguer un peu mieux le proche environnement. Elle vit qu'on les avait installés la veille sur un vaste quadrilatère où nul autre convoi ne se trouvait. Leurs chars étaient disposés sur l'un des côtés. En face d'eux, à une vingtaine de pas, étaient alignés des cavaliers, sabre au clair, et des fantassins, l'arme au pied. C'était ces unités qui l'avaient réveillée quelques instants plus tôt en prenant position.

Dans le fond de cette grande place improvisée sur une prairie bien plate, deux immenses tentes étaient dressées, surmontées de l'emblème impérial. Devant chacune d'elles, une sentinelle montait la garde.

La nuit s'achevait. A l'est, un liseré de lumière rose allait en s'élargissant au ras de l'horizon. Une petite brise aigrelette soufflait sur la campagne.

L'Empereur, annoncé par une nouvelle sonnerie de trompette, arriva juste au moment où Pauline descendait de sa voiture. Il passa devant elle et devant les soldats qui lui rendaient les honneurs, sans les voir, vêtu d'une redingote grise, l'air fatigué, tassé sur son superbe cheval blanc. Elle le vit mettre pied à terre et s'engouffrer avec une douzaine d'officiers à l'intérieur de la plus grande des deux tentes. Trois autres hommes en civil, portant des écritoires et des rouleaux de cartes dans les bras, pénétrèrent à leur tour dans la tente.

Déjà, une sourde rumeur d'activité parcourait la plaine, où une partie de la Grande Armée venait de passer la nuit. On entendait au loin des cris, des hennissements, des roulements de voitures.

L'aube achevait de déployer sa luminosité. Les premiers rayons d'un soleil blond présageant une belle et chaude journée apparurent. La rivière émergea d'un mince brouillard laiteux au-dessus duquel, de minute en minute, se détachèrent un peu plus nettement les impressionnantes fortifications de Borodino.

En voyant se profiler sur un fond de ciel bleu au-dessus des collines quatre redoutables forteresses, Pauline se sentit gagnée par une brusque inquiétude. Elle se demanda soudain comment l'Empereur allait s'y prendre pour s'emparer de cette position défendue par un ennemi qui devait l'attendre de pied ferme.

Pour l'instant, les adversaires se faisaient face de part et d'autre de la Kolostcha. Ils semblaient observer une trêve tacite. On n'entendait aucun grondement de canon ni le moindre coup de fusil. Au loin pourtant, vers le sud, des troupes se déployaient en direction d'une vaste forêt. Il s'agissait d'importants éléments de l'armée russe. Les nouvelles circulant de bouche à oreille dans les rangs français n'étaient pas très rassurantes. On disait que l'ennemi venait de changer de général en chef. Le Tsar avait nommé un vieux renard à la tête de ses troupes, le prince Koutouzov qui, bien qu'ayant été vaincu par Napoléon à Austerlitz, était considéré comme un redoutable stratège.

Au début de la matinée, les rouliers du Grandvaux s'activèrent à donner les soins habituels à leurs chevaux. Ceux-ci continuaient à faire l'admiration des officiers et des soldats de la Grande Armée. Alors que plusieurs dizaines de milliers de bêtes de trait avaient souffert de la disette de fourrage, d'épuisement et de maladie en cours de route, celles des Grandvalliers étaient toujours aussi saines, aussi vaillantes grâce aux réserves que leurs maîtres prévoyants avaient stockées pour elles. Moins avisés, les fourriers de la cavalerie de Murat avaient laissé périr près de la moitié de leurs montures. Celles qui survivaient faisaient pitié à voir tellement elles étaient efflanquées. On les avait remplacées tant bien que mal par de petits chevaux russes maigres et hirsutes, qui n'avaient pas belle allure.

En voyant l'état misérable des autres animaux, Pauline se félicitait d'avoir suivi les conseils de Sévère Bouvet en chargeant les voitures de ballots de foin et d'avoine et surtout en économisant cette provende tout au long du parcours.

Comme tous ses compagnons de route, elle étrilla ses six chevaux puis les emmena se baigner dans la rivière proche, où ils s'ébattirent avec grand plaisir. Après les avoir soigneusement bouchonnés, elle les ramena dans l'enclos qui leur était réservé.

La canonnade éclata peu après, déclenchée par les batteries russes des redoutes couronnant les hauteurs dominant la plaine de Borodino. On vit les remparts se couvrir de fumée et la lueur jaune des coups de départ.

Napoléon et son état-major sortirent aussitôt de la grande tente à l'intérieur de laquelle ils tenaient conférence depuis l'aube. l'Empereur enfourcha son cheval et braqua sa longue vue sur les fortifications ennemies, qu'il observa attentivement. Puis on le vit donner des ordres à ses aides de camp qui s'éloignèrent sans tarder au galop. Lui-même quitta son cantonnement quelques minutes plus tard et, toujours suivi des officiers de sa suite, se dirigea au trot vers les rives de la Kolostcha.

Le combat s'engagea vers le milieu de la matinée, après que les unités de la Grande Armée se fussent mises en mouvement. Il dura toute la journée. Ce fut une mêlée confuse au milieu d'épais nuages de fumée qui ne permirent pas aux Grandvalliers de suivre parfaitement l'évolution de la sitation. L'endroit où ils stationnaient avec leurs attelages était en effet très éloigné du champ de bataille, hors de portée des canons ennemis. Vers le soir, ils assistèrent cependant à l'assaut, puis à la prise de Chvardino. Ce furent les cavaliers de Murat, reconnaissables de loin à leurs étincelants casques «à la Minerve» qui menèrent l'attaque et l'emportèrent.

Les combats cessèrent à la tombée de la nuit. Pour la première fois de sa vie, Pauline put se rendre compte des terrifiantes conséquences de la guerre. Près de l'emplacement où les rouliers du Grandvaux bivouaquaient se trouvait une autre très vaste aire de stationnement. Elle était occupée depuis la veille par des voitures d'ambulance et de nombreuses tentes sanitaires. Pendant plusieurs heures, on y amena sur des civières, parfois à dos d'hommes, des blessés ramassés sur le champ de bataille, appartenant à l'armée napoléonienne et à celle du Tsar Alexandre.

Pauline ne dormit guère cette nuit-là en écoutant les cris, les râles des malheureux qu'on entendait très loin à travers la plaine silencieuse. Elle se demanda une nouvelle fois pour quelles raisons les grands envoyaient leurs sujets se massacrer ainsi entre eux. Ne pouvait-on régler les problèmes politiques de ce monde autrement qu'en suscitant des guerres fratricides entre les peuples d'Europe?

Le lendemain 7 septembre 1812, à l'aube, alors que s'annonçait une nouvelle journée ensoleillée, toutes les unités françaises et alliées reçurent l'ordre de faire mouvement en direction des positions ennemies. Celles-ci, encore plus redoutables que celles prises la veille par la cavalerie de Murat, étaient composées de la Redoute de Gorki au nord, de la Grande Redoute au centre et par les «Flèches» de Semenovskoïe au sud. Tous ceux qui allaient être engagés dans la nouvelle bataille comprirent qu'il ne s'agirait pas d'une partie de plaisir. D'autant qu'on annonçait que les Russes avaient encore reçu des renforts durant la nuit.

Bien qu'ils ne transportassent pas de matériel stratégique ni de munitions, les rouliers du Grandvaux reçurent eux aussi l'ordre de lever le camp et de se rapprocher des premières lignes, cette fois à portée des canons ennemis.

Chapitre V

Le 7 septembre 1812, peu après le lever du soleil, ce ne furent pas les Russes qui entamèrent les hostilités, comme la veille, mais les Français. Leurs six cents canons se mirent à tirer tous ensemble à la même minute en direction des fortifications ennemies. Un ébranlement terrifiant secoua le sol, tandis qu'un bruit d'une intensité incroyable déchirait les tympans et secouait jusqu'au tréfonds de leurs entrailles les dizaines de milliers de combattants massés dans la plaine de Borodino.

Pauline et ses amis venaient juste d'arriver sur le nouvel emplacement qui leur avait été attribué par les officiers des services de la maison de l'Empereur. Un instant de confusion régna dans leurs rangs car les chevaux comtois, n'étant pas habitués à un tel vacarme, donnèrent des signes de frayeur en se cabrant, certains s'emballèrent.

Comme la canonnade ne cessait pas, les Grandvalliers comprirent que cette fois les choses allaient devenir sérieuses pour eux et pour leurs bêtes et qu'ils seraient directement exposés aux risques de la bataille.

Deux ou trois hommes parmi les rouliers avaient déjà été précédemment volontaires pour mettre leurs attelages et leurs voitures au service des transports de l'armée napoléonienne. Sévère Bouvet, en particulier, s'était trouvé mêlé à la bataille de Wagram en 1809. Il en avait tiré un certain nombre d'enseignements, dont il avait déjà fait profiter ses compagnons en leur recommandant entre autre de stocker de la nourriture pour eux et leurs chevaux dans la perspective des retards prévisibles des approvisionnements. Lorsqu'il prit la parole après que les rouliers eussent maîtrisé leurs animaux, tous l'écoutèrent avec attention:

– Surtout, il ne faut pas que nous restions en file, dit-il, car le même boulet pourrait frapper à mort plusieurs attelages d'un seul coup. Mettez-vous en quinconce et entravez vos chevaux à des pieux solidement enfoncés dans le sol. Il faut faire vite. En face, les autres ne vont pas tarder à répliquer!

Les Grandvalliers s'empressèrent de suivre ces sages conseils. Après avoir dispersé leurs chars comme le recommandait leur doyen, ils plantèrent des piquets et y attachèrent leurs bêtes.

Sévère Bouvet ne s'était pas trompé. Quelques minutes plus tard, les canons russes entrèrent à leur tour en action. Au début, leur point de mire ne fut pas l'aile droite du dispositif offensif où stationnaient les Jurassiens, mais la partie centrale du front, face à la Grande Redoute devant laquelle se déployait le gros de l'armée napoléonienne.

Tout le monde sentit, dans le camp français, que la partie qui allait se jouer ce jour-là serait décisive. Soit le verrou représenté par les défenses de Borodino sauterait et la route de Moscou serait ouverte, soit les Russes parviendraient à garder cette position stratégique et la Grande Armée n'aurait pas d'autre solution que de battre en retraite.

A perte de vue, sous un étincelant soleil d'arrière-saison, la plaine grouillait de dizaines de régiments d'artillerie, de cavalerie, d'infanterie où se mêlaient toutes sortes d'uniformes, rouges, bleus, gris, jaunes, de casques, de cuirasses, de lances et de baïonnettes qui scintillaient dans la lumière.

Des sonneries de trompettes, des roulements de tambour se mêlèrent tout à coup aux grondements incessants des canons. Une division d'infanterie entière se mit en mouvement en direction des fortifications d'où partaient les langues de feu des pièces d'artillerie et le pétillement de la fusillade russe.

Heureusement pour les assaillants, une fumée épaisse recouvrait les flancs du mamelon où se dressait la Grande Redoute. Ils purent progresser sans trop de pertes, car les canonniers adverses, tirant à vue, furent également gênés par le feu roulant des batteries françaises qui les prenaient pour cibles.

Un léger vent ayant déplacé la fumée, la situation changea rapidement du tout au tout. On vit les boulets des défenseurs creuser de véritables sillons dans la masse compacte des attaquants. Ils culbutèrent chaque fois des dizaine d'hommes. En explosant, les bombes causèrent aussi beaucoup d'autres victimes et de confusion dans les rangs de la seconde ligne.

Malgré leurs pertes, plusieurs centaines de Français parvinrent à atteindre le pied de la Grande Redoute et se trouvèrent de ce fait hors d'atteinte des artilleurs ennemis. Certains dressèrent des échelles, lancèrent des grappins, se hissèrent avec hardiesse vers le haut des palissades. Hélas ! pour ces braves, les Russes les attendaient au sommet du fortin. Tous ceux qui s'y présentèrent furent assommés à coups de crosse, transpercés par les baïonnettes ou fusillés à bout portant. La plupart de ces téméraires dégringolèrent dans le fossé d'enceinte. D'autres corps sans vie restèrent accrochés dans l'embrasure des créneaux.

La première vague d'assaut ne tarda pas à refluer, laissant une hécatombe de morts, de blessés dans la plaine et au pied de la Grande Redoute. La retraite fut l'objet du même carnage que l'attaque. Les Français perdirent encore beaucoup de monde en regagnant leur base de départ.

Pauline et ses compagnons assistèrent, horrifiés, à ce navrant spectacle. L'endroit où ils se tenaient semblant moins exposé que la partie centrale du dispositif, ce fut vers eux que les rescapés de la première vague se dirigèrent pour tenter d'échapper au tir de l'artillerie du Tsar. Les Jurassiens les virent arriver par centaines en courant, dans une confusion de cris et d'appels. Tous paniqués, à bout de souffle, beaucoup blessés, mutilés, défigurés, couverts de sang. Certains, traumatisés par les explosions, restaient hagards. Ils avaient suivi leurs camarades sans savoir ce qu'ils faisaient. D'autres avaient jeté leurs armes pour détaler plus vite.

Les officiers des unités de réserve ne tardèrent pas à tenter de remédier à ce désordre. En vociférant, en frappant les fuyards du plat de leur sabre, ils commencèrent à reformer les rangs des unités en partie décimées en les réincorporant dans d'autres régiments d'assaut.

Après avoir remarqué, sans doute à l'aide de longues-vues, que les Français s'apprêtaient pour une nouvelle attaque, les Russes réagirent peu après. Ils dirigèrent le tir de leurs canons vers le lieu où se concentraient leurs adversaires. Un premier boulet passa en ronflant comme une toupie au-dessus du groupe des rouliers du Grandvaux. Pauline et ses compagnons rentrèrent tous instinctivement la tête dans les épaules.

En les voyant, Sévère Bouvet se mit à rire et dit en plaisantant:

– Pas la peine de vous «rintrir»[1] comme ça. Quand vous entendez le bruit des boulets, vous risquez plus rien. Si vous l'entendez pas, c'est que vous êtes morts. Pour l'instant, le tir des Rouskis est trop long, mais y vont pas tarder à le raccourcir. Dans ce cas, le mieux est de ce coucher sous nos chars. On y sera un peu plus à l'abri...

Sans tarder, la plupart des rouliers suivirent ces conseils et s'étendirent sous leurs voitures en attendant la suite des événements. Pauline imita ses compagnons et, très croyante, commença à réciter toutes les prières qu'elle connaissait.

Comme Sévère Bouvet l'avait prévu, les Russes ne tardèrent pas à ajuster leurs tirs. Les boulets, de plus en plus nombreux, firent entendre leurs sinistres vrombissements. Les impacts des explosions se rapprochèrent de l'endroit où se tenaient les rouliers. Plusieurs bombes éclatèrent alentour, suscitant peu après

---

[1] Se «rintrir», se ratatiner en langage franc-comtois.

des hurlements, des jurons dans les rangs des troupes qui se préparaient à l'attaque.

Soudain, un fracas encore plus proche ébranla l'atmosphère, suivi presque aussitôt d'un hennissement déchirant et d'un cri de détresse :

– Ah ! Mon Dieu !

Pauline se redressa sur un coude. Des flammes s'élevaient à quelques mètres d'elle. Une bombe venait de pulvériser deux voitures des Grandvalliers et y avait mis le feu. Deux chevaux comtois gisaient à terre. L'un, tué net, ne bougeait plus. Le second, mortellement blessé au poitrail, essayait en vain de se relever en balançant désespérément son long cou comme un pendule. Le maître de l'attelage, un nommé Adolphe Chauvin, originaire de Saint-Pierre-en-Grandvaux, sortit miraculeusement indemne de dessous son char et regarda le spectacle d'un air hébété en répétant d'une voix désespérée :

– Mes pauvres bêtes !... Mes pauvres bêtes !...

Aussitôt, plusieurs rouliers, dont Sévère Bouvet, se précipitèrent pour porter secours à leur compagnon et l'aider à dételer ses autres chevaux affolés puis à pousser les voitures intactes hors du périmètre de l'incendie. Celui-ci se développait rapidement, car les deux chars transportaient de la paille et du fourrage. Ces combustibles brûlaient avec de hautes flammes, en dégageant une fumée âcre qui se mêlait à l'odeur de la poudre. Les toiles surmontant les voitures étaient déjà calcinées. Seuls, les arceaux métalliques résistaient au sinistre.

Les tirs des canonniers russes, mieux ajustés, menaçant à présent leur concentration, les unités de réserve firent rapidement mouvement vers un autre point du dispositif. Pendant quelques minutes encore, une grêle de boulets tomba sur les emplacements qu'elles venaient de quitter. Puis l'ennemi s'aperçut de leur replis et entreprit de pilonner les bases de départ de la nouvelle offensive.

Un peu rassurés, les rouliers sortirent tous de dessous leurs précaires abris. Ils se remirent à regarder au loin le déroulement des opérations. Leur tranquillité fut, hélas! de courte durée. Un officier d'état-major arriva bientôt en courant, accompagné d'une escouade de voltigeurs. Il commanda aux Grandvalliers de décharger le matériel de campement transporté par leurs voitures et d'aider les soldats à monter les deux grandes tentes impériales. Tandis qu'ils s'affairaient à ce travail, les rouliers eurent connaissance d'une rumeur qui circulait depuis le milieu de la matinée. On racontait que l'Empereur avait été blessé, qu'on allait le transporter bientôt ici.

Effectivement, peu de temps après, une voiture à deux roues arriva en cahotant à travers la prairie. Les Jurassiens en virent descendre Napoléon. Il était certes très pâle, l'air fatigué, mais se déplaçait sans aide, ce qui démentait qu'il ait pu recevoir un mauvais coup. Il pénétra à l'intérieur de la grande tente, bientôt suivi par plusieurs généraux et officiers de son état-major.

La seconde attaque de la Grande Redoute mobilisa encore plus d'effectifs que la première. Elle fut précédée d'un intense tir d'artillerie qui réduisit au silence plusieurs batteries ennemies. Toujours depuis leur observatoire, les Jurassiens virent se déployer aussi vers le sud d'importantes forces de cavalerie polonaises, commandées par le prince Poniatowski, allié fidèle de la France. L'objectif de ces unités appartenant au 5e corps était de prendre les Russes à revers en s'adossant à l'épaisse forêt d'Oulitza. Des combats à l'issue indécise ne tardèrent pas à opposer en cet endroit les lanciers polonais reconnaissables à leurs longs manteaux blancs aux «sotnias»[1] de cosaques coiffés de bonnets d'astrakan, montés sur des petits chevaux véloces.

Quant à l'infanterie massée face à la Grande Redoute, elle s'élança à nouveau à l'assaut de celle-ci avec la même impétuosité que les unités précédentes. Le résultat ne fut pas meilleur. Après des combats acharnés, les assaillants furent obligés de battre eux aussi en retraite, laissant de nombreux hommes sur le terrain.

---

[1] «Sotnias», unités un peu plus importantes que les escadrons français.

La bataille, toujours accompagnée par le grondement des canons, fit rage pendant des heures et des heures sous un soleil implacable qui assoiffait les combattants. A quatre reprises, les Français furent repoussés, rejetés sur leurs bases de départ, après avoir subi des pertes effroyables. Chaque fois, avec une obstination démente, des réserves de fantassins largement abreuvés d'eau-de-vie repartaient à l'assaut des défenses de Borodino. Elles se jetaient à corps perdu dans une course effrénée au son des trompettes et des tambours battant la charge, en hurlant pour s'exciter mutuellement: «Mort aux Russes!» ou «Vive l'Empereur!»

Les assauts renouvelés continuaient de se faire au milieu des gerbes de feu des explosions, sous les essaims de biscaïens. Les hommes continuaient d'avancer, sans se soucier de ceux qui tombaient à côté d'eux, en piétinant les cadavres jonchant le terrain, insensibles aux appels des blessés abandonnés lors des attaques précédentes. Le reflux se faisait toujours dans le même désordre, pareil au grouillement d'une fourmilière dans laquelle on aurait plongé un bâton. Avec le même entêtement, les officiers se hâtaient de rameuter les survivants pour la prochaine offensive.

Ceux qui, comme les rouliers du Grandvaux, assistaient de loin à ce tragique spectacle, ne comprenaient pas ces attaques suicidaires vouées d'avance à l'échec face à la farouche détermination des défenseurs russes. Tous se demandaient pourquoi l'état-major français s'obstinait à envoyer ainsi pour rien des milliers et des milliers d'hommes à la mort. Et l'Empereur? Pourquoi restait-il sous sa tente au lieu de venir constater les conséquences criminelles de ces assauts? Pour ceux qui le voyaient d'habitude parcourir sans cesse les champs de bataille, ce désintéressement était incompréhensible[1].

Le résultat de cet acharnement offensif apparut vers le soir lorsqu'on vit les parapets des redoutes s'ébouler, des brèches

---

[1] Victime d'une indisposition qui lui donna une forte fièvre, Napoléon ne participa pas directement à la bataille de Borodino.

béantes apparaître dans les palissades et surtout lorsque les batteries ennemies, ayant été anéanties par les canonniers français, ne constituèrent plus une menace aussi grande pour les assaillants. Terrés dans leur peur, dans leur haine derrière leurs barricades mises à mal, les Russes qui avaient eux aussi subi d'énormes pertes, comprirent que la victoire allait changer de camp.

Ce fut un régiment de cuirassiers qui donna le coup de grâce. Une unité composée de gaillards de six pieds six pouces dont on ne voyait sous les casques à crinière et à visière que les longues moustaches. Ils s'élancèrent au galop, sabres pointés en avant. Après une charge de quelques centaines de mètres, ils s'engouffrèrent à l'intérieur des redoutes qu'ils prirent les unes après les autres et au sommet desquelles ils hissèrent le drapeau impérial dans les rayons du soleil couchant.

Menacé aussi sur ses arrières par les cavaliers de Poniatowski, le prince Koutousov jugea inutile de laisser massacrer plus longtemps ses troupes. Il donna une nouvelle fois à son armée l'ordre de battre en retraite. Nullement défaits, les Russes quittèrent en bon ordre la plaine de Borodino et s'éloignèrent en direction de l'est. Comme ils en avaient pris l'habitude, ils laissèrent derrière eux un triste sillage de villages et de récoltes embrasés. Les pertes subies par la Grande Armée étaient si énormes que ses chefs furent incapables de se lancer à la poursuite des fuyards, qui réussirent une fois encore à s'esquiver.

La nuit était tombée depuis déjà un long moment lorsque le service des ambulances vint requérir les rouliers du Grandvaux et leurs chevaux pour aller ramasser les blessés sur le champ de bataille. Pauline partit avec sa fidèle Lina, qu'elle attela à une carriole carrée ouverte à l'arrière. Trois infirmiers, dont l'un portait une torche, la précédèrent dans la plaine où les combats avaient fait rage depuis le matin.

Le spectacle qu'elle découvrit était si terrifiant que la jeune fille faillit défaillir. Une immense moisson d'hommes et de chevaux avait été fauchée durant la journée. Des gerbes de morts, de blessés, jonchaient le terrain, entassés parfois les uns sur les autres dans des poses étranges. Ici et là, des véhicules, des matériels incendiés fumaient encore. Une rumeur d'épouvante montait de ce calice bouillonnant de souffrances, des hurlements, des cris de détresse, des appels au secours, des râles, des geignements. Imperturbables, les infirmiers s'approchaient sans hâte des endroits d'où partaient les plaintes. Celui qui tenait la torche éclairait les blessés. Si les plaies de ceux-ci leur semblaient trop graves, comme tous ceux qui avaient été atteints à l'abdomen et dont les entrailles ressortaient, ils les abandonnaient à leur triste sort et passaient à un autre. Beaucoup de ces malheureux, qui gémissaient encore, ne présentaient plus face humaine, qu'une figure réduite à une bouillie rougeâtre. Les sauveteurs s'occupaient surtout des gens dont les projectiles avaient transpercé ou fracassé les membres. Ils les couchaient sur leur civière et les transportaient jusqu'à l'ambulance. Lorsque celle-ci était chargée d'une demi-douzaine de rescapés, Pauline, toujours flanquée de ses accompagnateurs, conduisait les blessés jusqu'aux tentes de l'hôpital de campagne, situé à courte distance.

Le spectacle n'avait rien à envier en horreur à celui du champ de bataille. Maculés de sang des pieds à la tête comme des bouchers, des chirurgiens opéraient à la chaîne des dizaines et des dizaines de patients. Quatre forts gaillards maintenaient ceux-ci sur une table, tandis que les praticiens curaient, taillaient, tranchaient dans le vif à l'aide de scalpels et de scies. Au fur et à mesure de leurs ablations, ils jetaient les membres amputés derrière eux sur un énorme tas où se mélangeaient les jambes, les bras coupés, parfois encore revêtus de lambeaux d'uniformes.

Des cris effroyables accompagnaient le travail des bourreaux, totalement insensibles aux atroces souffrances qu'ils faisaient subir aux suppliciés. Des aides aussi inhumains cautérisaient les plaies au fer rouge ou les entouraient de charpies d'une propreté douteuse pour juguler les hémorragies. Malgré cela, tous pataugeaient dans d'énormes flaques de sanie dont l'odeur soulevait le cœur.

Lors de son premier transport, Pauline Paget crut défaillir en pénétrant dans ces lieux dignes de l'enfer de Dante. Jamais elle n'aurait imaginé que les conséquences de la guerre puissent être aussi monstrueuses. Elle n'eut pas le temps d'épiloguer sur ce sujet, car il fallut repartir sur le champ de bataille pour tenter d'arracher à la mort d'autres malheureux.

Elle n'effectua pas moins de sept aller-retour cette nuit-là entre la plaine de Borodino où s'étaient déroulés les combats et les hôpitaux de campagne où les chirurgiens opérèrent jusqu'à l'aube comme des forcenés.

Ce qui l'étonna, durant ces déplacements éprouvants, ce fut l'attitude des rescapés de la tuerie. Rassemblés autour des innombrables feux de bivouacs, les soldats de la Grande Armée buvaient, chantaient, jouaient aux cartes ou aux dés, comme si rien ne s'était passé la veille. Comme s'ils avaient déjà oublié leurs camarades tués ou blessés. Pire, elle fut témoin, sur le champ du carnage, du détroussement des victimes. Ici et là, des individus méprisables sondaient les tas de cadavres pour voler leur argent, les dépouiller de leurs vêtements, de leurs chaussures.

Une dernière épreuve attendait encore Pauline cette nuit-là. A la clarté de la lune sereine, toute d'argent polie, qui s'était levée sur la plaine russe, elle distingua soudain au milieu du champ de bataille la forme caractéristique de trois voitures grandvallières. Détachant la lampe qui éclairait son propre char, elle sauta à terre et, en enjambant des corps, s'approcha des véhicules. Tous trois avaient été fracassés par des boulets. L'un d'eux était incendié. Deux chevaux comtois encore attelés gisaient, foudroyés, entre les brancards. Etreinte par un affreux pressentiment, la jeune fille fit le tour des voitures. Un homme était étendu sur le dos à côté de l'une d'elles. Un mince filet de sang suintait de sa tempe. Ses yeux grands ouverts regardaient le ciel étoilé. Pauline reconnut aussitôt ce beau visage aux traits fins, encadré d'une barbe drue. C'était celui de Marcelin Blondeau, son voisin de Saint-Pierre-en-Grandvaux, rencontré l'avant-veille sur la route.

Celui qui lui avait donné des nouvelles de sa mère et de ses frères. Elle demeura un long instant désemparée face à cet être qu'elle avait vu quelques heures auparavant plein de vie et de force, qui gisait à présent au milieu de la plaine russe, loin de sa femme, loin de ses trois jeunes enfants, qui ne le reverraient plus jamais. Quel mal cet homme avait-il fait sur la terre ? Quel péché expiait-il pour avoir mérité cette mort ?

– Oh ! Paget ! On peut repartir ! On a notre plein !

L'appel des infirmiers qui venaient de charger une nouvelle fournée de blessés dans l'ambulance la tira de ses affligeantes réflexions. Elle leur fit signe de venir l'aider à porter le corps du Grandvallier mort jusqu'à la voiture.

– C'est un de mes pays, dit-elle simplement. Demain, mes amis et moi nous lui donnerons une sépulture.

Chapitre VI

Les Russes et les alliés s'étaient battus avec un tel acharnement, avaient subi l'un et l'autre de telles pertes qu'il était difficile de savoir lequel des deux belligérants venait de sortir vainqueur de la sanglante bataille de Borodino que Napoléon Ier avait baptisée «Victoire de la Moskova» dans sa proclamation adressée au peuple français.

Certes, la Grande Armée occupait désormais la place, mais les troupes du Tsar s'étaient retirées en bon ordre, avec le plus gros de leur artillerie et surtout leur redoutable cavalerie cosaque. Mal remis de son affection, l'Empereur enrageait de ne pas avoir pu diriger les opérations sur le terrain et se demandait s'il ne serait pas obligé d'affronter à nouveau l'ennemi pour s'emparer de Moscou.

Afin de gagner les Russes de vitesse, pour ne pas leur laisser le temps de se regrouper et de recevoir des renforts, il avait ordonné à la Grande Armée de reprendre sa marche en avant dès le lendemain de la prise de Borodino. Il en avait décidé ainsi contre l'avis d'une partie de son état-major qui, craignant que leurs troupes ne fussent attaquées de flanc en rase campagne, aurait préféré qu'elles puissent prendre un peu de repos.

C'est à peine si Pauline Paget, qui n'avait pas dormi la nuit précédente pour assurer le ramassage des pauvres diables sur le champ de bataille, eut le temps d'accomplir la pieuse mission qu'elle s'était fixée. Avant de quitter la plaine de la Moskowa, elle put néanmoins faire enterrer décemment, le matin du 8 septembre 1812, son malheureux voisin, Marcelin Blondeau, après qu'un prêtre militaire eût béni son corps.

La progression des alliés reprit donc à travers une région moins plate, plus vallonnée, coupée de petites rivières qu'il fallait traverser à gué ou sur des ponts vermoulus qui croulaient souvent sous le poids des voitures du train des équipages ou des caissons d'artillerie.

Plus la Grande Armée se rapprocha de Moscou, plus les paysans russes se montrèrent dangereux. Il ne se passa pas de jour sans qu'ils ne tendissent des embuscades durant la traversée des forêts épaisses et nombreuses en ces lieux. A plusieurs reprises, l'escorte des rouliers du Grandvaux dut faire feu contre des bandes de moujiks, fanatisés par les popes, qui cherchaient à s'emparer ou à détruire les voitures du convoi.

Les Grandvalliers se retrouvèrent à nouveau immédiatement derrière l'avant-garde afin d'arriver les premiers sur l'emplacement choisi pour y dresser les tentes du bivouac impérial.

Toujours souffrant, Napoléon ne faisait plus la route à cheval. Il roulait à bord d'une grosse berline d'où il ne descendait que le soir pour gagner à pied son logement.

Comme tous ses compagnons, Pauline Paget avait pris l'habitude de voir arriver Sa Majesté à la tombée du jour, précédée par l'immense clameur des soldats qui la saluaient aux cris mille fois répétés de:

– Vive l'Empereur! Vive l'Empereur!

Le chef de la Grande Armée, toujours vêtu de son modeste uniforme gris, passait entre les rangs de ses braves en hochant alternativement la tête à droite, puis à gauche, si bien que chacun de ses partisans avait l'impression que c'était lui qu'il saluait en particulier.

Le 14 septembre 1812, au début de l'après-midi, juste une semaine après la bataille de Borodino, le convoi des rouliers, qui venait de gravir les flancs d'une colline basse, déboucha sur une vaste esplanade. Une partie de la cavalerie de Murat s'y trouvait déjà. Ses chevaux affamés se repaissaient avec avidité d'une herbe drue qui n'avait pas été fauchée depuis longtemps.

Le spectacle que les Jurassiens découvrirent en arrivant au sommet de l'éminence les émerveilla aussitôt. Une ville immense, magnifique, s'étendait à leurs pieds, éclairée par la lumière intense d'une superbe journée de fin d'été. Ils virent tout d'abord miroiter les eaux d'une rivière formant une large boucle à la base de l'imposante enceinte de l'agglomération. Au-dessus de cette muraille, construite en briques rouges, pointaient les silhouettes d'une multitude de clochers bulbeux, de coupoles, de tours. Ces édifices dont le soleil faisait scintiller les toitures en avivant leurs couleurs bleues, rouges, jaunes et or, dominaient des maisons plus basses, imbriquées les unes dans les autres, aux tuiles semblables aux écailles d'une tortue géante. On voyait aussi poindre ici et là les vertes frondaisons des arbres de parcs et de jardins. Au-delà de cette cité à la limite du réel et de l'irréel, le regard se perdait au loin dans l'infini d'un horizon aux nuances mauves.

Comme tous ceux qui arrivaient sur l'esplanade dominant la superbe ville, les rouliers ne purent retenir des exclamations de joie, sans doute pareilles aux fameux: «Terre! Terre!» que poussèrent les marins de Christophe Colomb en apercevant les rivages de l'île San Salvador au terme de leur longue errance transatlantique. Pour les Jurassiens, ce furent les cris de:

– Moscou! Moscou!

Enfin, leurs sacrifices, leurs fatigues, leurs souffrances allaient s'achever. Ils étaient arrivés au terme de leur interminable voyage. Dans cette ville sur laquelle couraient tant de légendes. Qu'on disait fabuleusement riche. Ce véritable pays de Canaan dont tous les membres de la Grande Armée rêvaient depuis des jours et des jours. Ils allaient pouvoir s'y reposer, manger, boire à satiété et leurs chevaux aussi. Pour tous, ce serait la bonne vie.

Ces agréables perspectives étaient confortées par un autre spectacle. Là-bas, du côté de l'est, sur une route dont le serpentement se perdait au loin, l'armée russe retraitait. Dans un nuage de poussière qui la voilait en partie, une masse moutonnante et confuse d'hommes à cheval ou à pied, hérissée de baïonnettes et de lances, s'entremêlait aux fourgons et aux canon. L'armée du Tsar abandonnait la ville sans chercher à la défendre. Aussi sans l'incendier, contrairement à toutes celles qu'elle avait précédemment évacuées. Les soldat du Tsar avaient sans doute considéré Moscou comme un lieu saint qu'il eût été sacrilège de détruire.

Pour la première fois depuis qu'elle avait quitté Dresde, Pauline Paget se remit à espérer en une fin proche de la guerre. Puisqu'il avait perdu la partie, Alexandre Ier serait bientôt contraint à demander la paix s'il voulait garder son empire. Après la signature d'un nouveau traité, tout en laissant une forte garnison à Moscou, Napoléon rentrerait à Paris, accompagné par ceux qui avaient transporté les affaires de sa maison jusqu'en ces contrées perdues au bout du monde. L'armée, n'étant plus en campagne, démobiliserait ses supplétifs et les rouliers du Grandvaux pourraient regagner leur province.

Les Jurassiens ne furent pas les seuls à jubiler cet après-midi-là en assistant au même spectacle du haut du Mont de la Salutation[1]. Précédée par une immense clameur, la berline de Napoléon arriva vers deux heures sur l'esplanade, escortée par une vingtaine de maréchaux, de généraux à cheval. Pauline Paget, qui se tenait à proximité de l'endroit où l'Empereur descendit de voiture, lui trouva meilleure mine, débarrassé du masque crispé et livide qui reflétait ses soucis et sa maladie. Tandis que sa suite d'officiers empanachés se tenait a quelques pas en arrière, il s'approcha du bord du promontoire d'où l'on dominait la vallée. Il se mit à l'observer à l'aide de sa longue-vue.

Moscou se déploya sous son regard ébloui comme une carte en relief délicatement colorée. Il découvrit tour à tour ses innombrables églises aux coupoles d'or, ses palais de marbre blanc,

---

[1] «Mont de la Salutation» – Ainsi nommé parce que les voyageurs russes qui venaient en pèlerinage dans la ville sainte se prosternaient et se signaient ici en découvrant Moscou.

son imposant Kremlin aux murailles rouges crénelées. Puis sa lunette se braqua du côté de l'est. Il assista lui aussi au départ précipité des unités de l'arrière-garde ennemie, menacées d'être coupés du gros de l'armée russe par la cavalerie de Murat. Il vit l'encombrement de l'unique route empruntée par un corps d'infanterie, d'artillerie et plusieurs régiments de Cosaques. Toutes ces troupes étaient mêlées inextricablement à des voitures de toutes sortes chargées en hâte de matériel, de blessés et de malades. En queue de défilé se trouvaient les inévitables traînards clopinants, fourbus, démoralisés, s'arrêtant sans ordre, à leur fantaisie, sur le bord du chemin. Il eût suffit à Murat de déployer quelques pelotons de cuirassiers et de hussards sur les flancs de cette colonne pour la décimer rapidement et faire des milliers de prisonniers. Or, il n'en serait rien. Dans l'intention de se ménager les bonnes grâces du Tsar en vue de conclure avec lui une paix honorable, Napoléon avait donné l'ordre à son avant-garde d'accorder une trêve à l'ennemi pour lui permettre d'évacuer Moscou. Les officiers d'état-major n'étaient bien sûr pas tous d'accord avec cette décision, mais le chef de la Grande Armée n'avait cure de leurs critiques. Ne venait-il pas de leur prouver qu'il avait raison en remettant en route la Grande Armée dès le lendemain de la bataille de Borodino, malgré les pertes et les fatigues qu'elle venait de supporter? Une fois encore, sa stratégie s'était révélée juste. L'ennemi n'avait pas eu le temps de regrouper ses forces sur une nouvelle ligne de défense. Rien n'avait entravé la marche des alliés sur Moscou.

L'Empereur resta longtemps immobile au sommet du belvédère, semblable à une statue de bronze. Il savoura à satiété son triomphe, subissant aussi l'envoûtement de ce vaste panorama, de cette ville lumineuse, qui donnait une impression de prospérité et de richesse.

Lorsqu'il se retourna vers l'un des officiers de sa suite, Pauline l'entendit nettement s'écrier:

– Comment le Tsar Alexandre peut-il abandonner une telle merveille, Caulaincourt? Ce n'est pas croyable!

Chapitre VII

Napoléon avait une nouvelle fois vu juste. Contrairement à ce que les membres de son état-major redoutaient, les Russes ayant abandonné Moscou, la Grande Armée n'eut pas à livrer de nouveaux combats et put s'en emparer sans coup férir.

Le soir du 14 septembre 1812, la cavalerie de Murat entra la première dans la ville. Joachim Ier, roi de Naples, ouvrit, à la tête de ses dragons et de ses cuirassiers, la marche triomphale. Il portait sa tunique gris de lin bordée de martre-zibeline, ses passementeries et brandebourgs, ses décorations gagnées à la pointe de son sabre, son bicorne à panache d'où dépassaient les boucles noires de jais de sa chevelure folle.

Le convoi des Grandvalliers, toujours flanqué de son escorte, suivait à courte distance la cavalerie de Murat. Dès qu'ils eurent franchi la porte de la barrière de Dorogomylov qui permettait de pénétrer dans la place, les rouliers furent impressionnés par l'immensité, la beauté de la cité. Contrairement à ce qu'ils avaient vu à Vitebsk, à Smolensk, dans tant d'autres villes et villages russes traversés par la Grande Armée, Moscou était intacte.

Les Jurassiens furent pourtant intrigués par le fait qu'on ne voyait pas âme qui vive dans les rues. La ville semblait déserte. Les maisons avaient leurs portes fermées, leurs volets clos. Les grilles des palais donnaient sur des cours vides. Un pesant silence régnait sur l'agglomération, seulement troublé par le piétinement des chevaux, le roulement des chars sur les pavés. Ce calme étrange faisait peser un sentiment d'hostilité, d'insécurité sur la ville.

Un des rares passants rencontré sur une place, qui parlait un peu français, expliqua que la nuit précédente, le comte Rostopchine, gouverneur de Moscou, avait intimé aux habitants l'ordre d'abandonner la place, ce qu'ils avaient fait en hâte par dizaines et dizaines de milliers avant l'arrivée des envahisseurs. Seuls étaient restés les malades, les infirmes et les vieillards confiés aux soins de communautés religieuses. L'homme avait révélé aussi quelque chose de plus inquiétant: avant de partir, les autorités russes avaient fait ouvrir les portes des prisons et rendu la liberté à toutes sortes de malfaiteurs qui erraient à présent à travers Moscou.

Après avoir écouté ces informations, le capitaine Dutertre avait conclu:

– Je n'aime pas ça. D'habitude, les Russes flanquent le feu partout avant de déguerpir. Ils sont partis la nuit dernière en laissant tout intact. Ça sent le traquenard. M'étonnerait pas qu'ils aient laissé des bombes, des pièges derrière eux ou qu'on se fasse canarder quand on arrivera au centre de la ville!

Il avait donc ordonné à ses soldats d'ouvrir l'œil et de progresser sur deux files de chaque côté du convoi, le fusil à la main.

Pourtant, rien de fâcheux ne se produisit pour les éléments avancés de la Grande Armée, entre la barrière de Dorogomylov, au sud-ouest de Moscou, jusqu'aux abords du Kremlin. Les chars des Grandvalliers parvinrent eux aussi sans encombre sur une vaste place face à la citadelle entourée de murailles crénelées flanquées de part et d'autre de hautes tours carrées ou cylindriques surmontées de curieux chapiteaux à colonnes et de croix en or.

Il était prévu que l'Empereur passerait la nuit suivante dans le palais des Tsars, c'est pourquoi les rouliers le précédaient avec le mobilier de campagne.

A peine venaient-ils d'arriver au pied de la forteresse que les créneaux de celle-ci se couvrirent de la fumée d'une fusillade. Barricadés à l'intérieur du Kremlin dont les lourdes portes étaient fermées, des francs-tireurs russes faisaient feu contre les Français.

Le capitaine Dutertre, qui s'attendait à cette attaque, fit immédiatement faire demi-tour au convoi pour le mettre à l'abri. La manœuvre ne fut cependant pas assez rapide. L'un des six chevaux appartenant à l'attelage de Rémi Lecoultre, un roulier de Fort-du-Plasne, fut touché au poitrail et s'effondra entre les brancards. Il fallut abandonner le pauvre animal à son sort, de même que la voiture, pour ne pas risquer la vie des hommes, et gagner l'arrière d'un bâtiment qui faisait face à la forteresse. Au cours de la manœuvre, Pauline entendit vrombir plusieurs balles. L'une d'elles transperça la toile de son char de tête, une autre ricocha sur le cerclage en fer d'une roue.

Les partisans retranchés à l'intérieur du Kremlin n'étaient pas très nombreux, mais ils donnèrent du fil à retordre aux Français. On dut avoir recours à un canon pour faire voler en éclats la porte de la forteresse et permettre à un régiment de la Jeune Garde d'y pénétrer, puis de venir à bout de la résistance désespérée des défenseurs.

Cet ultime combat ayant pris du temps, ce ne fut qu'à la tombée de la nuit que les rouliers purent entrer dans l'enceinte du Kremlin. Deux officiers dont Pauline Paget avait appris les noms, messieurs de Bausset et de Ségur, qui avaient déjà précédemment veillé à l'installation des bivouacs de l'Empereur, des suivirent. Ils firent aussitôt décharger et transporter une partie du contenu des voitures à l'intérieur des appartements du Tsar. Ceux-ci se composaient de trois salons, d'une chambre à coucher et d'une grande salle d'apparat. Il y avait des tentures, des tapis, des dorures, des glaces et des lustres partout. Connaissant les habitudes de Sa Majesté, M. de Bausset, préfet du Palais impérial, sut que son illustre maître ne coucherait pas dans la chambre somptueuse du Tsar. Il fit disposer dans une petite pièce voisine le mobilier de campagne de Napoléon. C'est-à-dire les objets d'une grande simplicité qui servaient de cadre à ses nuits. La plupart d'entre eux étaient pliants. Tels le fauteuil, le tabouret, le lit de camp, dont les pieds étaient prolongés par des montants destinés à soutenir des rideaux qu'on pouvait tirer comme ceux d'une alcôve. Une table de nuit et un bureau à cylindre aux lignes sobres complétaient la rigueur tout militaire de l'ensemble.

L'installation était en train de s'achever lorsqu'une estafette vint annoncer que l'Empereur ne passerait pas cette première nuit au Kremlin. Il bivouaquerait dans une auberge située à l'extérieur de Moscou. Il ne ferait son entrée dans la ville que le lendemain matin au lever du jour.

Leur travail accompli, les rouliers furent conduits dans l'une des cours de l'enceinte, où ils parquèrent leurs chevaux et disposèrent leurs chars comme ils en avaient l'habitude. L'un des Grandvalliers, qui avait pu, le matin, capturer un porc errant alentour d'un village abandonné, le sacrifia et le fit rôtir à la broche sur un feu de bois autour duquel toute la communauté jurassienne se regroupa. Bien qu'elle fût rompue de fatigue, Pauline participa à ces rustiques agapes et dégusta avec plaisir une des meilleures côtelettes qu'elle eût mangées de sa vie. Sévère Bouvet mit aussi en perce un petit tonneau de vin de Pupillin qu'il avait transporté depuis le Jura, se réservant de l'ouvrir pour une grande occasion. Il avait jugé ce soir-là que la prise de Moscou en était une. Quant au grand Janier, de Prénovel, qui avait amené sa vielle dans ses bagages, il se mit à en jouer, ce qui créa une joyeuse ambiance et fit reprendre en chœur par l'assistance bien des chansons du Grandvaux.

La lune pleine et ronde finit par escalader les murailles du Kremlin. Elle inonda de sa lumière blanchâtre la cour où festoyaient les Grandvalliers. Repus, heureux, ceux-ci comprirent que la fête était finie, qu'il fallait regagner leur couche. Pauline, que cet intermède avait bien divertie après les jours de fatigue et d'angoisse, s'empressa elle aussi de rejoindre l'auvent de son char, sous lequel elle s'étendit et sombra aussitôt dans un sommeil réparateur.

Elle dormait profondément lorsqu'une suite d'explosions la réveilla en sursaut au milieu de la nuit. Sortant la tête hors de la toile, elle demanda à une ombre qui passait à proximité de sa voiture l'origine de ce vacarme.

– Je ne sais pas! On dirait que c'est une attaque, répondit l'inconnu dans les ténèbres.

Bien qu'elle ne fut pas encore complètement reposée, Pauline se leva et décida de suivre un groupe portant des lanternes, qui se hâtait en direction des remparts. A leur suite, elle gravit les marches d'un étroit escalier en colimaçon qui permit d'accéder au sommet de l'une des tours de la citadelle.

En arrivant sur la plate-forme de l'édifice, une vision terrible s'offrit aux regards. A l'est de la cité, une immense lueur roussâtre et frémissante embrasait la nuit, ocelait de reflets fauves les toitures des maisons du côté du pont de Iaouza. De temps en temps, des explosions plus ou moins fortes se faisaient entendre. Leurs flammes griffaient, secouaient les ombres jusqu'au fond de l'horizon, tandis qu'un énorme champignon de fumée jaune montait à l'assaut du ciel.

Mêlés à quelques-uns des soldats de l'escorte, les rouliers, sidérés, contemplèrent ce spectacle en silence. Quelqu'un finit par dire:

– Les salauds! Ils sont en train de faire sauter un dépôt de munitions! Ils vont foutre le feu dans toute la ville!

Chapitre VIII

Le matin du 15 septembre 1812, on vint annoncer à Napoléon Ier dès son réveil dans la chambre de la modeste auberge en bois du faubourg de Dorogomylov où il venait de passer la nuit, qu'un important incendie s'était déclaré quelques heures plus tôt dans l'un des quartiers de Moscou. Le sinistre n'avait été circonscrit qu'au petit jour grâce aux efforts des hommes du maréchal Mortier. Il avait occasionné de gros dégâts.

Croyant à un acte stupide commis par les soldats de sa Grande Armée, comme cela s'était déjà produit en d'autres lieux, l'Empereur tempêta et demanda qu'on lui fasse rapidement un rapport précis sur l'événement.

Parti aux nouvelles, l'un des jeunes officiers de sa suite revint peu après porteur d'informations alarmantes. L'incendie n'était pas l'œuvre de soldats ivres. Il avait pris simultanément en plusieurs endroits à la fois. Notamment dans un dépôt de munitions désaffecté où il restait quelques barils de poudre qui avaient explosé, et sur l'un des quais de la Moskowa où, en s'embrasant, une péniche chargée de tonneaux d'eau-de-vie avait communiqué le feu à tous les pontons voisins.

Selon l'officier, il ne faisait aucun doute que ces foyers étaient d'origine criminelle. Outre à la poudrière et au port fluvial, on avait aussi mis le feu à des pâtés de maisons et à des édifices publics.

Des patrouilles envoyées sur place la nuit précédente avaient vu sortir des portes cochères ou des impasses des hommes barbus aux mines patibulaires, tenant des torches à la main. Arrêtés et interrogés, ces individus, dont quelques-uns étaient dirigés par des popes, avaient avoué être les auteurs des incendies. Ils avaient agi sur ordre du comte Rostopchine, l'ancien gouverneur de Moscou. Celui-ci leur avait prescrit avant son départ, au nom du Tsar Alexandre, de détruire toute la ville par le feu!

L'instant de passer à l'action avait été signalé aux incendiaires la nuit précédente par l'éclatement d'une fusée grégeoise dans le ciel de Moscou. Aux protagonistes d'un plan de destruction concerté s'étaient joints, par perversion, les assassins, voleurs et autres malfaiteurs libérés la veille des prisons moscovites. On avait aussi arrêté, brandons enflammés à la main, des fous sortis des asiles d'aliénés.

Plus grave encore, parmi les incendiaires se trouvaient des policiers russes en uniforme que leurs chefs avaient chargé de disposer un peu partout des sortes de machines infernales: bombes piégées, brûlots, étoupes imbibées de soufre ou de goudron, paille, copeaux... Il suffirait d'allumer à l'heure prévue ces matières inflammables pour propager le feu dans des quartiers entiers. Chacun de ces hommes devait effectuer ce travail dans les lieux où il assurait autrefois ses fonctions. Il était ainsi prévu que nuit après nuit, les neuf arrondissements de Moscou s'embraseraient les uns après les autres.

Pire, les sapeurs de la Grande Armée chargés de lutter contre les sinistres s'étaient aperçu qu'il ne restait plus une seule pompe à incendie dans la ville! Les Russes étaient partis en emportant ce matériel, privant les habitants demeurés à Moscou de moyens capables de combattre efficacement le feu.

Au terme de ces opérations criminelles, il ne devait plus rester un seul palais, une seule maison habitables dans la sainte cité des Tsars que d'aucuns appelaient toujours la «Troisième Rome».

Après avoir écouté en silence la déposition du jeune officier, Napoléon s'était écrié en se tournant vers les membres de son état-major:

– Messieurs, il faut que cela cesse au plus vite ! Je vous ordonne de former sur l'heure des commissions militaires dans chaque quartier de Moscou. Elles devront juger sommairement, faire fusiller ou pendre les incendiaires surpris en flagrant délit ! Je ne veux pas que la ville de mon frère Alexandre[1] soit réduite en cendres !

Après avoir pris cette énergique décision, l'Empereur fit seller l'*Emir*, son cheval favori, puis, sans fanfare, sans le moindre apparat, entra dans Moscou suivi des gens de sa maison et d'un détachement de la garde.

Triste parcours pour un vainqueur que cette traversée d'une cité aux rues désertes et silencieuses, aux maisons murées dans un pesant mutisme, avec leurs portes verrouillées, leurs volets clos. Tout reflétait ici la peur, aussi l'hostilité. Et pourtant, au-dessus de Moscou, le ciel était d'un bleu pastel. La lumière poudreuse et dorée y annonçait une nouvelle très agréable journée ensoleillée.

En cheminant, le front songeur, tout au long des avenues sans vie, Napoléon Ier eut le temps de ruminer ce qui manquait au cérémonial de la prise de possession de cette cité tant désirée. Il eût aimé que, selon la tradition, des notables vinssent au devant de lui pour remettre les clefs de la ville. Or, ses services n'avaient trouvé aucun aristocrate, aucun boyard pour venir lui faire soumission. Tous les responsables moscovites s'étaient enfuis à l'approche de la Grande Armée. Le petit peuple lui-même, qui aurait pu se masser sur son passage, sinon pour l'applaudir du moins pour le regarder avec curiosité, était invisible, sans doute peureusement terré au fond des caves ou dans l'ombres des bouges.

En arrivant face au Kremlin, Napoléon Ier ne put cependant s'empêcher de manifester sa joie d'avoir conquis l'ancien palais-forteresse d'Yvan le Terrible.

---

[1] Depuis la rencontre de Tilsit, en 1807, Napoléon, qui se voulait son égal, appelait le Tsar «mon frère».

– J'y suis enfin ! s'écria-t-il.

Sitôt entré dans l'enceinte des bâtiments, il entreprit de les visiter, avec une curiosité teintée d'une évidente satisfaction. Les appartements Tsaristes luxueusement meublés lui plurent beaucoup. Il apprécia qu'on les lui eu laissés intacts. Il sortit sur le balcon de la salle d'apparat qui donnait sur la Moskowa. La vue qu'il y découvrit, horizon de toits multicolores, de dômes d'églises, de monastères recouverts d'or, de palais magnifiques, lui arracha un cri d'admiration.

Il gagna ensuite la modeste chambre qu'on lui avait préparée et s'empressa de pendre, face à son lit de camp, le portrait de son fils, le petit roi de Rome, peint par le baron Gérard, que le préfet Bausset venait de lui apporter de Paris.

En fin de matinée, une nouvelle inquiétante fut communiquée à l'Empereur. Au cours d'une inspection à l'intérieur du vaste arsenal se trouvant à l'intérieur du périmètre du Kremlin, on avait découvert un stock considérable de poudre laissé sur place par les Russes. Le fait que ceux-ci aient abandonné une aussi grande quantité de munitions dans la place avait intrigué le général Duroc, grand maréchal du palais. Il avait ordonné une fouille approfondie des lieux. C'est ainsi qu'on avait trouvé en plusieurs endroits des bombes à mèches prêtes à l'emploi qu'il suffirait d'allumer pour faire sauter l'Arsenal et la plus grande partie de la forteresse. Présent au Kremlin, l'Empereur aurait été, avec tous les gens de son entourage, à coup sûr victime de cet attentat. Après avoir écarté cette menace, Duroc avait fait doubler la garde aux alentours et à l'intérieur de la poudrière, en ordonnant aux sentinelles de tirer à vue sur tous ceux qui tenteraient de s'en approcher sans y être autorisés.

Napoléon passa le reste de la journée à donner des ordres concernant la réorganisation de la Grande Armée, éprouvée par les fatigues de l'invasion et les pertes subies durant les combats. Il signa aussi plusieurs décrets civils. Même durant ses campagnes lointaines, il ne se désintéressait jamais des affaires de la

France. Il écrivit également à l'impératrice Marie-Louise pour la rassurer sur son état de santé. Il lui fit part de la joie qu'il venait d'éprouver en s'emparant de la cité russe. Le soir même, des estafettes à cheval quittèrent Moscou en emportant ce courrier. Il leur faudrait galoper quinze jours pour rejoindre Paris.

La nuit suivante, malgré les recommandations de vigilance prescrites aux unités chargées d'assurer la sécurité de la ville, de nouveaux incendies éclatèrent ici et là dans différents quartiers. Il apparut que les ordres données par le Tsar étaient mieux exécutés que ceux de l'Empereur.

Tandis que le nouvel occupant du Kremlin prenait possession de son domaine, les rouliers du Grandvaux, installé depuis la veille dans les dépendances du palais, se livraient aux tâches habituelles des étapes. Les chevaux furent l'objet de tous leurs soins. Le pansage, le ferrage occupa les Jurassiens une partie de la journée. Ils conduisirent même leurs Comtois à la baignade dans les eaux de la Moskowa. La bonne santé, la belle allure de ces bêtes faisaient toujours l'admiration des autres hommes de cheval de la Grande Armée. Alors que des dizaines de milliers de chevaux avaient péri de faim, de maladie, d'épuisement, de mauvais traitements durant le voyage, tandis que les rescapés souffreteux et étiques faisaient pitié à voir, ceux des Grandvalliers restaient en pleine forme.

Pour les cavaliers de Murat, pour les autres convoyeurs, c'était une curiosité, une énigme. Ils ignoraient que la santé florissante des chevaux des rouliers venait des soins constants que ceux-ci leur donnaient, voire du véritable amour qu'ils leur portaient. La plupart d'entre eux préféraient être privés de nourriture plutôt que leurs bêtes n'aient rien à manger aux étapes.

Pauline Paget, qui avait apprécié la veille d'arriver à Moscou, en pensant que ce serait le terme de l'interminable voyage de la Grande Armée à travers la Russie, n'en était plus aussi convaincue ce soir du 15 septembre 1812. Un bruit, colporté par des ordonnances et des valets de l'Empereur, avait circulé durant la journée à l'intérieur du Kremlin. On disait qu'après quelques jours de repos, Français et alliés reprendraient leur progression. Qu'on marcherait sur les traces de l'armée du Tsar pour la liquider définitivement. Qu'on s'engagerait ensuite dans la direction de Saint-Petersbourg, la capitale de la Russie.

La jeune fille était donc à nouveau très inquiète. Elle se demandait quand finirait cette interminable et dangereuse aventure. Certes, comme tous les rouliers, elle avait reçu sa solde, qui tenait compte de la location de ses attelages et de sa propre prestation. Cette rondelette somme d'argent, qui serait la bienvenue plus tard dans le budget familial, n'était pourtant qu'une piètre compensation au regard de ses appréhensions.

Chapitre IX

L'incendie de Moscou que les sapeurs du maréchal Mortier pensaient avoir jugulé la veille reprit soudain la nuit suivante en plusieurs endroits avec une intensité incroyable. Des flammes surgirent sur l'avenue Pokrovka, embrasèrent aussi l'Arbate, autrefois l'un des boulevards les plus huppés et animés de la ville.

Malgré les importants renforts envoyés pour combattre le sinistre et arrêter les incendiaires, le feu se développa d'heure en heure, creusant son rouge sillon aussi bien dans les quartiers populaires que résidentiels.

Les sauveteurs constatèrent avec stupéfaction que des dizaines de criminels étaient à l'œuvre, couraient, torches à la main, d'un pâté de maisons à un autre pour accomplir leur sale besogne. Ici, ils jetaient des brandons sur de la paille ou sur des copeaux répandus sur le sol des masures en bois; ailleurs, ils enflammaient pièce après pièce les rideaux et les tentures dans les palais, les beaux hôtels particuliers désertés par les aristocrates.

Au début, les Moscovites restés dans la ville avaient cru que c'étaient les Français qui l'incendiaient. A présent, ils commençaient à comprendre que ce n'était pas l'ennemi qui mettait le feu, mais des Russes. Hébétés par la peur, ces pauvres gens ne comprenaient rien à ce qui leur arrivait. Ils plaçaient d'abord une icône devant leur maison et priaient Dieu pour lui demander de les épargner. Ce recours divin s'avérant inefficace pour conjurer le danger, ils avaient bien vite été contraints d'adopter une autre stratégie face au mur de flammes qui s'avançait inexorablement. Ils chargeaient en hâte leurs maigres biens sur des charrettes ou à dos d'hommes et s'enfuyaient en direction des quartiers qu'ils estimaient moins exposés.

Certains de ces Moscovites, fanatisés par les prêtres, embrasaient eux-mêmes leur propre demeure avant de la quitter. Ça créait aussitôt de nouveaux foyers d'incendie. En agissant ainsi, ils se signaient et s'exclamaient: «Dieu le veut!» D'autres, devenus fous de rage, se précipitaient armés de fourches ou de haches sur les sodats français isolés et les tuaient sauvagement.

On venait de voir aussi apparaître dans la ville les habituels protagonistes des catastrophes, les pillards qui profitaient des événements pour investir les maisons abandonnées par leurs propriétaires et faire main basse sur tout ce qui avait quelque valeur. Eux aussi tentés par les rapines, certains militaires de la Grande Armée ne se gênaient pas pour dérober leur part du butin. Ils défonçaient les portes et entraient dans la place. Les bijoux, les pelleteries, les étoffes en soie d'Orient, les parfums rares avaient leur préférence. Les soldats mettaient en perce les tonneaux de vin de Géorgie, les barils de vodka. Certains d'entre eux, devenus ivres morts, incapables de remonter les escaliers des caves, finissaient leur existence d'une horrible façon, asphyxiés par la fumée des brasiers.

Le maréchal Lefebvre, qui commandait les unités chargées d'assurer la sécurité de Moscou, avait donné l'ordre de pendre sans jugement tous les civils qui pratiquaient ces actes délictueux et de mettre les militaires fautifs aux arrêts.

Sur le coup des trois ou quatre heures du matin, le 16 septembre 1812, un vent subit venu du nord se leva. Avec une violence extrême, il poussa les flammes de l'incendie vers le centre de Moscou. Malgré cette menace, Mortier ne jugea pas nécessaire de faire réveiller l'Empereur toujours un peu souffrant. Il décida de suivre l'avance du sinistre en se rendant sur place avec une partie de son état-major. Il fut stupéfait de voir avec quelle rapidité le feu se déplaçait. Les flammes sautaient de toiture en toiture, de grenier en grenier, s'alimentaient des tuiles en bois, des lattes sèches, des chevrons. La bête implacable à la gueule flamboyante dévorait tout sur son passage. Ridiculement, des sapeurs, le visage barbouillé de lueurs dansantes, ruisselants de sueur, frappaient les flammèches avec des pelles, des balais de bouleaux. D'autres se passaient de main en main des seaux ou des cuveaux d'eau en une transmission aussi monotone qu'inutile. Inexorablement, le feu continuait d'avancer, évaporant l'eau au fur et à mesure qu'on l'en aspergeait. Les hommes reculaient sans cesse pour éviter de se faire happer par ses tentacules. Ils reprenaient, sans conviction, quelques centaines de pas en arrière, leurs pitoyables efforts.

Une nouvelle fois, les rouliers du Grandvaux avaient assisté, depuis le sommet d'une des tours du Kremlin, à cet inégal et tragique combat. Impuissants, navrés, fascinés, ils avaient vu brûler Moscou, s'embraser ses maisons de bois, ses églises, ses palais luxueusement meublés, ses entrepôts avec leurs réserves de blé, de farine, d'huile, de sucre, ses magasins achalandés. Un vrai décor d'apocalypse, diabolique fantasmagorie où l'on voyait les entrelacs des flammes se tordre comme des mains de damnés, les structures des édifices se transformer en sortes de cathédrales d'or vif et flamboyant.

Le lendemain matin à son réveil, l'Empereur put contempler à son tour la pourpre et mouvante tragédie. Il avait espéré la veille que le renforcement des unités de sapeurs permettrait d'enrayer la marche de l'incendie. Or, celui-ci, attisé par un vent violent, s'étendait à présent sur un front de deux à trois cents toises. Un infranchissable barrage de feu partageait Moscou en deux. Un énorme nuage de fumée d'un grenat sombre s'étirait au-dessus de la ville comme une gigantesque aile déployée. Très pessimistes, certains spécialistes rappelaient que la sainte cité des Tsars avait déjà été ravagée à deux reprises par les flammes; d'abord en 1547, sous Ivan le Terrible, puis en 1626 sous Michel Ier

Romanov. A part le Kremlin, chaque fois, il n'était pas resté grand-chose de Moscou.

Penché sur un plan de la ville, Napoléon tenta malgré tout de prendre, avec le maréchal Mortier, de nouvelles mesures de lutte pour enrayer la progression du gigantesque incendie. Lui qui avait allumé puis combattu des dizaines de brasiers à travers toute l'Europe, comprit vite que cette fois sa science et sa volonté seraient sans effet. Il fallait s'en remettre à la providence, attendre que l'incendie s'apaise de lui-même, peut-être en se noyant dans les eaux de la Moskowa?

Peu avant midi, on annonça que le feu approchait dangereusement du Grand Bazar, qu'on appelait aussi le «quartier chinois» parce que ses commerçants aux yeux bridés venaient pour la plupart des terres situées au-delà des confins de la lointaine Sibérie. Si l'incendie se déclarait en cet endroit, il prendrait aussitôt une ampleur inimaginable. Le quartier était en effet constitué d'un invraisemblable labyrinthe de rues bordées de maisonnettes en bois, de boutiques emplies de marchandises, d'étals qui débordaient sur la chaussée. Il s'alimenterait de quantité de matières inflammables, soieries, tissus de toutes sortes, écheveaux de laine, balles de coton, fourrures, tapis, objets de bambou tressés...

Informé qu'une fabrique de sabres, de poignards et de lances se trouvait dans les parages menacés, le maréchal Lefebvre ordonna qu'on évacue d'urgence ces armes pour les rapporter à l'arsenal du Kremlin. Trois des Grandvalliers dont les voitures étaient libres furent requis pour effectuer ce transport. Il s'agissait de Pauline Paget, de Sévère Bouvet et de Sylvain Martin, un roulier de Saint-Laurent.

Précédés d'un détachement à pied de la Jeune Garde, les chars des Jurassiens se dirigèrent aussitôt vers l'endroit indiqué. Au fur et à mesure qu'ils s'en rapprochèrent, les chevaux firent preuve d'une grande nervosité. Même Lina, la docile jument de Pauline, donna des signes d'inquiétude et sa maîtresse dut descendre de sa voiture pour conduire l'animal par la bride.

A courte distance, le spectacle était inquiétant. Le brasier, d'une incandescence d'un rouge vif se rapprochait d'une manière anarchique du quartier chinois. Progressant par à-coups, ses flammes semblaient tantôt mourir et s'éteindre en diminuant de hauteur, tantôt renaître avec une vigueur accrue, comme si elles se dévoraient mutuellement. Une fumée jaune et âcre, dont l'odeur tenait du suif, du cuir et du soufre, piquait les yeux, les narines, déclenchait la toux de ceux qui la respiraient.

En chemin, les rouliers croisèrent une foule de gens fuyant le quartier en courant. Tous portaient des ballots de marchandises, des brassées d'objets de valeur, rouleaux de tissus bariolés, vêtements, chapelets de bottes ou de chaussures... Ici et là, ils virent aussi des soldats de la Grande Armée sortir des boutiques les bras chargés de pelisses, de paquets de chemises en soie, de foulards, de toques de fourrure, mais aussi de bouteilles de vin et d'alcool. Apparemment, ceux à qui on avait confié la mission de réprimer les pillages se servaient autant que les autres.

Dans la fumée de plus en plus épaisse, au détour d'une ruelle, les Jurassiens tombèrent sur une voiture à l'arrêt dont les caractéristiques leur étaient familières. Il s'agissait d'un char de Grandvallier. Le cheval qui le tirait était attaché à un anneau fiché dans la cloison d'une boutique en bois peinte en bleu, un peu plus luxueuse que les autres. Un pan de la toile du véhicule étant relevé, les rouliers virent qu'il était déjà en grande partie chargé d'un bric-à-brac d'objets de valeur, notamment de candélabres en bronze, de belles lanternes, de vaisselles en porcelaine, de plateaux en cuivre ciselés, de statuettes en ivoire de morse...

Sévère Bouvet, dont le char était comme d'habitude en tête, arrêta le petit convoi. Un grand gaillard sortit à cet instant de la boutique. Il tenait à bout de bras un coffret en bois précieux dont le couvercle, mal fermé, laissait dépasser des colliers et d'autres bijoux. Pauline ne reconnut pas immédiatement l'intéressé, car une fumée dense l'entourait. Son grand chapeau traditionnel masquait aussi en partie son visage fortement maculé de suie. Il était suivi à courte distance par un vieux couple aux yeux bridés, vêtus tous deux de robes qui leurs battaient les talons. Le mari portait une petite toque noire sur la tête, d'où s'échappait une natte de cheveux soigneusement tressés. La femme pleurait. L'homme répétait inlassablement en russe des supplications larmoyantes. Il ne faisait aucun doute que ces malheureux étaient les propriétaires dévalisés par le pilleur. Ce fut Sévère Bouvet qui interpella ce dernier:

– Holà, Grandvalli! T'as donc changé de métier? Te v'la dev'nu bimbelotier à présent?

L'homme s'arrêta aussitôt, à mi-chemin entre la boutique qu'il venait de cambrioler et sa voiture. Il parut manifestement décontenancé d'avoir été surpris par des compatriotes alors qu'il se livrait à cet acte délictueux. Son embarras fut de courte durée. Il répliqua avec aplomb:

– Pourquoi se priver? Tout ça va bientôt partir en fumée. Alors autant en profiter! Pas vrai?

Le vieil asiatique continuant de s'accrocher désespérément à lui, le colosse s'emporta:

– Au diable, vermine! Laisse-moi finir de déménager ta boutique avant que le feu s'en charge! Allez, oust!

Comme l'autre insistait en continuant de baragouiner des propos geignards, il lui décocha un violent coup de pied dans le ventre qui l'envoya rouler, les quatre fers en l'air, au milieu de la rue.

A sa brutalité autant qu'à sa voix, Pauline Paget reconnut l'odieux personnage. Il s'agissait de Guillaume Pécherey, l'assassin de son père! Elle fut sur le point de prendre la parole pour fustiger l'attitude du criminel. Elle n'en eut pas le temps. Sévère Bouvet s'en chargea:

– T'as pas le droit de faire ça, Pécherey! dit-il. T'es un voleur! Le maréchal Lefebvre a donné l'ordre de pendre ceux qui se livrent à des actes de pillage!

L'autre haussa les épaules et, désignant un groupe de soldats sortant d'une des boutiques voisines les bras encombrés de diverses marchandises, il railla :

– Et ceux-là, est-ce qu'ils ont le droit ? Va donc leur dire que tu veux les faire pendre !

Au moment où il allait rentrer à nouveau dans le magasin des petits vieux spoliés, son regard croisa celui de Pauline. Il parut un peu surpris, mais se contenta de ricaner :

– Elle est donc là, celle-là ? Manquait plus qu'elle !

Puis il pénétra à l'intérieur de la maison. Ses propriétaires étaient à présent assis côte à côte, adossés contre un mur. Ils ne pleuraient plus mais leur attitude offrait l'image de la pire désespérance.

Le sergent qui précédait, avec ses six hommes, le petit convoi de rouliers, venait de s'apercevoir que ceux-ci s'étaient arrêtés en chemin. Il revint en courant sur ses pas et les morigéna vivement :

– Qu'est-ce que vous foutez donc ? C'est pas le moment de lambiner ! Voyez pas que le feu se rapproche ? On n'aura peut-être même pas le temps de déménager les armes !

Le sous-officier disait vrai. En quelques minutes, l'incendie venait de faire un bon prodigieux. Sauvage et somptueux comme un dragon, il dardait à présent sa langue rouge aux abords immédiats du quartier chinois.

A regret, car il aurait aimé pouvoir donner lui-même une bonne correction à Guillaume Pécherey, Sévère Bouvet se remit en route, suivi par Pauline Paget et Sylvain Martin.

Chapitre X

Les rouliers et les soldats de la Jeune Garde qui les accompagnaient durent affronter de graves dangers pour mener à bien la mission qu'on leur avait confiée. A peine venaient-ils d'arriver au centre du Grand Bazar, devant la fabrique d'armes blanches, que le feu prit à l'intérieur des bâtiments. Il leur fallut donc pénétrer dans des ateliers déjà enfumés, léchés par les flammes, pour récupérer le stock de sabres, de lances, de poignards abandonné par l'armée du Tsar.

L'enlèvement se fit quand même, malgré les risques encourus. La toiture s'embrasa durant l'opération. Les rouliers et les soldats achevaient de charger les armes sur les trois voitures et s'apprêtaient à quitter rapidement les lieux lorsqu'une formidable déflagration se fit entendre, venue de l'intérieur de la fabrique. Pareille à l'éruption soudaine d'un volcan, on vit jaillir haut dans le ciel une gerbe flamboyante d'un rouge ardent. L'endroit avait été piégé par les Russes avant leur départ. Un baril de poudre dont les Français n'avaient pas décelé la présence venait d'exploser.

Bien qu'ils eussent déjà pris place sur leurs chars respectifs, les Grandvalliers furent incapables de maîtriser leurs attelages. Les chevaux paniqués par le bruit prirent le mors aux dents et se mirent tous au galop, crinières hérissées, yeux hors de la tête, en poussant des hennissements d'effroi.

Le petit convoi emballé déboucha comme un ouragan à travers les rues étroites du quartier chinois. Celles-ci étaient envahies par une masse de gens fuyant eux-mêmes le danger de l'incendie. Il s'agissait surtout de femmes, d'enfants, de vieillards croulant sous le poids de bagages hétéroclites, mais aussi de pillards de la Grande Armée regagnant leurs cantonnements avec les objets qu'ils venaient de dérober.

Le bruit de la galopade, les cris d'avertissement poussés par les conducteurs firent refluer les piétons épouvantés vers les ruelles adjacentes, ou se plaquer contre les façades des maisons. Certains n'en furent pas moins rudement bousculés au passage des chars. Ce fut un miracle si personne ne roula sous les sabots des chevaux fous ou ne fut écrasé par les voitures.

Pauline Paget, malgré elle en tête de cette cavalcade infernale, n'avait cependant pas lâché les rênes de sa jument. Debout à l'avant de son char, elle parvint, de la voix, à modérer le train d'enfer de Lina. Derrière elle, les deux autres attelages ralentirent à leur tour progressivement leur allure. Le reste du parcours à travers les rues du Grand Bazar se fit au petit trot, puis au pas.

En repassant devant le magasin des vieux Chinois, la jeune fille remarqua que la voiture de Guillaume Pécherey n'était plus là. Le méprisable personnage avait sans doute regagné avec son butin le lieu où stationnait le groupe de rouliers auquel il appartenait. Pauline se proposait, si l'occasion s'en présentait, de demander de nouvelles explications à Pécherey au sujet de la disparition de son père. Elle en avait parlé à Sévère Bouvet, qui lui avait promis son aide. Mais cela serait-il possible? Elle n'en savait rien. Moscou était une ville immense où se trouvaient des milliers de convoyeurs et d'attelages attachés au train et à l'intendance de la Grande Armée. Une nouvelle rencontre avec Guillaume Pécherey était de ce fait bien aléatoire.

De retour au Kremlin, les Grandvalliers constatèrent avec stupéfaction que l'incendie les avait précédés. Attisé par un vent d'équinoxe soufflant du sud-ouest au nord-est, le feu, tel un reptile sournois mais prompt avait progressé de proche en proche et atteint les limites de la Porte Rouge de la forteresse. Déjà, des flammèches légères comme des papillons voletaient par-dessus les murailles. Elles retombaient sur les toitures en tôle vernissée ou en cuivre de l'arsenal ainsi qu'au milieu de la cour où quatre cents caissons d'artillerie étaient alignés. Cent mille livres de munitions diverses, logées dans des barils ou des caisses, avaient en outre été entreposées sous les voûtes de l'immense poudrière moscovite. Si l'un des brandons enflammés tombait sur les ballots d'étoupe que les canonniers russes avaient laissés sur place, l'arsenal sauterait. Il pulvériserait la citadelle Tsarine et tous ses occupants. Ce serait un inimaginable désastre.

Conscient du danger, Caulaincourt, duc de Vicence, s'affairait à conjurer le malheur. Il avait pris directement la situation en main et dirigeait des équipes de soldats munis de balais et de seaux, qui s'efforçaient d'éteindre les flammèches et arrosaient les toitures pour éviter que la chaleur ne fît s'embraser la charpente.

La menace risquant malgré tout de s'aggraver, le duc avait dépêché le général Lariboisière, commandant l'artillerie de la Garde, auprès de l'Empereur afin d'attirer son attention sur le danger qui le menaçait. Il avait reçu mission de le convaincre de s'éloigner du Kremlin pendant qu'il était encore temps.

Napoléon Ier, furieux de la tournure prise par les événements, commença par s'emporter. Il accusa les responsables de la sécurité d'incompétence. Il ne comprenait pas comment les dizaines de milliers de soldats qui occupaient Moscou n'arrivaient pas à venir à bout d'une poignée d'incendiaires, ni à maîtriser le feu.

Les officiers de sa suite, qui n'osaient pas le contredire, finirent cependant par convaincre l'Empereur de sortir sur la terrasse du palais afin qu'il puisse constater l'ampleur et surtout la proximité de la menace qui pesait sur lui.

Il ne resta pas longtemps à contempler le spectacle qu'on découvrait depuis ce balcon. En voyant les immenses flammes rouges monter à l'assaut des murailles du Kremlin, en sentant la chaleur arriver jusqu'à lui en vagues ardentes, il n'eut plus de doute sur l'imminence du désastre.

– Nous évacuons les lieux ! dit-il à ses proches. Faites sonner la retraite ! Donnez l'ordre d'emporter tout le matériel militaire. Qu'un seul bataillon de la garde reste sur place et fasse de son mieux pour combattre le feu !

Dès que les trompettes et les tambours eurent résonné aux quatre coins de la citadelle, il se fit partout un incroyable remue-ménage. Tous les hommes répartis à l'intérieur des bâtiments, sur les remparts ou les tours, s'empressèrent de rejoindre en courant les emplacements où se rassemblaient leurs unités respectives. Chacune de celles-ci voulut s'évader la première de l'enceinte du Kremlin. Il y eut immédiatement une terrible bousculade autour de la Grande Porte. Nombre de cochers, qui avaient rapporté du vin et de la vodka au cours des expéditions menées dans les caves de Moscou, étaient ivres, incapables de maîtriser leurs attelages. Pressés de sortir, certains aggravèrent la situation en essayant de forcer le passage, commettant des fausses manœuvres qui augmentèrent encore la pagaille.

Il fallut que Caulaincourt donnât de la voix pour canaliser le flux des cavaliers, des piétons et des véhicules, ce qui ne se fit pas sans difficultés.

Napoléon Ier descendit quant à lui vers quatre heures de l'après-midi, en compagnie de Berthier, prince de Neuchâtel, l'escalier d'honneur du palais. Il enfourcha son cheval qu'on venait d'avancer et sortit au pas, suivi de son escorte de la garde, par la Grande Porte qu'il avait franchie la veille pour entrer au Kremlin. Aussitôt, derrière lui, toutes les calèches, berlines et véhicules divers transportant le personnel civil de la maison impériale se mirent en route dans son sillage. Les chars des Grandvalliers sur lesquels avaient été rechargés en hâte les affaires de Sa Majesté, prirent la suite du cortège.

La colonne gagna d'abord un pont de pierre intact qui enjambait la Moskowa. Il fallut patienter à nouveau un long moment, car l'étroit passage était embouteillé par les voitures du précédent convoi. Pendant cette attente, le feu qui sévissait sur les deux rives de la rivière ne cessa de se rapprocher. Une pluie de cendres étincelantes et brûlantes tomba du ciel enfumé. Pauline et ses compagnons furent obligés de battre sans arrêt avec leurs fouets les toiles de leurs chars pour éviter qu'elles ne s'embrasent. Ils durent aussi maîtriser les chevaux que les morsures des flammèches rendaient fous.

Après une demi-heure d'attente, Napoléon et sa suite purent enfin franchir la Moskowa. Nul n'avait prévu les difficultés qui les attendaient de l'autre côté. Le vent ayant tourné dans l'intervalle et s'étant mis à souffler du sud-ouest, il fallut se frayer un chemin en direction de Iaouza en empruntant une artère bordée de deux rangées d'immeubles en feu. A chaque instant, des poutres, des pierres brûlantes dégringolaient des toits et des façades, obstruant en partie la chaussée. Bien que celle-ci fut large, les hautes flammes se rejoignaient en voûtes au-dessus des têtes des fugitifs à demi asphyxiés par la fumée et la chaleur. A travers un nuage grisâtre, on distinguait parfois à un carrefour ou sur une place des gibets de fortune où pendaient des incendiaires pris en flagrant délit. D'autres criminels avaient été alignés contre des murs et fusillés.

Plus la colonne progressait à travers Moscou, plus il apparaissait qu'elle était littéralement encerclée par l'incendie. Il lui fallut à plusieurs reprises battre en retraite, suivre de nouvelles voies qu'on estimait plus sûres, pour se retrouver finalement face à une infranchissable muraille de feu.

Alors que son entourage commençait à paniquer, l'Empereur demeurait calme. Il dépêchait des estafettes alentour pour essayer de trouver un passage dégagé. Hélas! tous les cavaliers revenaient sur leurs pas quelques instants après avec le même constat: il n'y avait nulle part aucune brèche dans le rempart mouvant de l'incendie! Napoléon donnait alors l'ordre de repartir et le convoi reprenait sa route à l'aveuglette à travers une brume dense et suffocante jusqu'au moment où il était obligé de s'arrêter à nouveau, confronté au même problème.

Constatant qu'on tournait en rond sans trouver de solution, les Grandvalliers, que cette situation inquiétait aussi, s'adressèrent à leur doyen pour savoir ce qu'il en pensait. Sévère Bouvet, qui avait déjà réfléchi à la question, répondit:

– On ne s'en sortira pas en essayant de trouver une issue dans un quartier qui n'est pas encore atteint par le feu. Il n'y en a plus. Nous sommes cernés de partout. Ce qu'il faut, c'est tenter de nous dégager par un endroit où l'incendie est déjà passé...

Le capitaine Dutertre, qui avait entendu ces propos, fit remonter l'information jusqu'à l'entourage de l'Empereur. Lorsque celui-ci eut connaissance de cette suggestion, il comprit qu'elle était plausible et l'adopta sur le champ.

– Essayons, dit-il d'un ton laconique.

Sans plus tarder, la colonne s'engagea à travers un quartier bordé de maisons calcinées que l'incendie avait ravagées quelques heures auparavant et dont les ruines fumaient encore. La chaussée était entièrement recouverte d'une épaisse couche de cendres chaudes où rougeoyaient toujours des braises. Ici et là, des cadavres noirs d'hommes et de chevaux jalonnaient le parcours. Sans doute des malheureux qui n'avaient pas eu le temps d'échapper à la fournaise.

Durant la traversée du quartier, les fantassins sentirent une chaleur intense sous les semelles de leurs chaussures, tandis qu'une nauséabonde odeur de corne brûlée s'exhalait des sabots des chevaux. Cavaliers et conducteurs de voitures eurent beaucoup de mal à maîtriser l'allure des pauvres bêtes, qui firent entendre des plaintes déchirantes.

Le franchissement de cette zone fut un calvaire épouvantable pour tous et sembla durer une éternité. Beaucoup furent sur le point de rebrousser chemin dans la crainte de ne pouvoir supporter longtemps la chaleur et la poussière brûlante que le convoi soulevait dans sa progression. Le calme imperturbable, la parfaite maîtrise de soi de l'Empereur fut pour tous un exemple. Personne ne craqua.

Le convoi déboucha finalement hors du périmètres ravagé par l'incendie et sortit de l'enceinte de Moscou par la Porte de Smolensk. Le maréchal Davout, prince d'Eckmühl, qui s'était inquiété du sort de Napoléon et de son entourage, était venu de l'extérieur pour lui porter secours. Il se jeta dans ses bras en le voyant sain et sauf. Il guida le convoi au château de Pétrovkoïé, où l'Empereur avait prévu de s'établir provisoirement en attendant que l'incendie eût fini de menacer le Kremlin.

Il était huit heures du soir lorsque la colonne harassée, encore sous le coup d'une vive émotion, arriva dans la cour d'un édifice insolite entouré de murailles en briques surmontées de hautes tours d'aspect oriental dont les silhouettes se dressaient dans la pénombre. La demeure étant entièrement vide, on demanda aux rouliers de décharger à nouveau le mobilier de campagne de l'Empereur, tandis que le reste de l'escorte se répartissait tant bien que mal dans les dépendances et le parc du château.

Avant de se coucher, Napoléon tint à regarder au loin Moscou qui n'en finissait pas de brûler. En voyant l'énorme lueur fauve et mouvante du brasier éclairer l'horizon, il ne put s'empêcher d'exprimer sa déception par ces mots:

– Quelle misère! Cette ville magnifique que j'avais promise en récompense à ma brave armée s'en va en fumée...

TROISIÈME PARTIE

Chapitre premier

Ce 18 octobre 1812, il y avait exactement un mois que l'Empereur avait réintégré le Kremlin. Protégée par ses épaisses et hautes murailles, la forteresse était restée intacte. Dans la nuit du 17 au 18 septembre, le vent d'équinoxe ayant apporté une pluie abondante, les foyers d'incendie de Moscou s'étaient éteints en grande partie. Le 18 septembre à midi, Napoléon Ier, qui supportait mal son inactivité forcée, avait décidé de quitter le château de Pétrovskoïé et de regagner le palais des Tsars.

Moins dangereuse que la veille, la traversée de la ville avait été une sinistre promenade. De la cité éblouissante dont la découverte depuis le Mont de la Salutation avait déclenché l'enthousiasme de tous les officiers et soldats de la Grande Armée, il ne restait presque plus rien. Tous les charmants quartiers constitués de jolies maisonnettes en bois, sans étages, aux façades peintes de couleurs vives agrémentées de décorations en dentelles, s'étaient envolés en fumée. A leur place, on ne voyait que des amas de cendres d'où émergeaient ici et là des moignons de poutres, quelques pavés noircis ou les montants en fer tordus des vérandas écroulées.

Les immeubles en briques n'avaient pas mieux résisté au désastre. Leurs étages s'étaient effondrés, laissant parfois suspendus entre ciel et terre des portes de placards ou des fragments de mobilier. Les palais, les beaux hôtels particuliers offraient un spectacle désolant, avec leurs façades blanches maculées de suie, leurs débris de péristyles, leurs fenêtres ouvertes à tous vents. C'était pitié de voir ce qu'il restait des églises aux coupoles crevées, aux statues et aux croix brisées dans leur chute. Les hôpitaux eux-mêmes avaient brûlé, souvent avec leurs blessés, leurs malades, y compris ceux de la Grande Armée que la rapidité des flammes n'avait pas permis d'évacuer à temps.

De ces ruines dont les décombres obstruaient parfois la largeur des rues et qu'il fallait déblayer pour pouvoir passer, montaient des odeurs atroces. Celles des cadavres de pauvres gens enfouis sous les gravats. D'autres restes de corps humains et de chevaux étaient allongés en bordure de la chaussée. Des chiens errants et des loups sortis des profondeurs des forêts proches de Moscou se disputaient déjà ces charognes puantes.

Parfois, au milieu de ce paysage de désolation, se dressait une église, un monastère, un palais miraculeusement préservé. Pourquoi Dieu les avait-il épargnés en faisant changer le souffle du vent de direction au moment où ils allaient s'embraser comme tous les autres bâtiments? Nul ne savait. Ils dressaient à présent leurs silhouettes intactes au-dessus d'un champ de ruines, sur un fond de ciel bleu, car le temps s'était remis au beau. Cela semblait un anachronisme, sinon une provocation, pour tous ceux qui avaient conscience des malheurs de la ville.

Ces quelques édifices sauvegardés ne faisaient que mieux ressortir les conséquences humaines du désastre qui venait, en deux jours, de priver de toit des dizaines de milliers de Moscovites. On voyait à présent errer un peu partout à travers les ruines des hommes, des femmes, des enfants hagards, faméliques rescapés de la catastrophe. Ils avaient survécu grâce à la profondeur des caves où ils avaient trouvé refuge. Lorsque l'ouragan de feu était passé au-dessus de leurs têtes, il les avait épargnés. Maintenant, ils vivaient sous la terre, comme des rats. Pour subsister, ils prospectaient les décombres, à la recherche de reste de nourriture. Ils fouillaient le sol des jardins après avoir déblayé les cendres pour tenter d'y déterrer quelques tubercules.

Certains de ces miséreux s'attaquaient aussi aux palais, aux hôtels particuliers, épargnés par l'incendie. Après avoir enfoncé les portes et les fenêtres, ils pénétraient dans la place, faisaient main basse sur les richesses que les propriétaires des lieux n'avaient pas emportées lors de leur fuite.

Certains soldats, mais aussi des officiers de la Grande Armée, se livraient eux-mêmes au pillage. Ils disputaient le butin aux Moscovites ou le leur rachetaient à vil prix. Des objets d'art, des vêtements de luxe, des tonnelets de vodka s'échangeaient contre quelques miches de pain de l'intendance, ou un peu de tabac.

Durant son retour au Kremlin, l'Empereur eut la surprise de croiser des unités de cavalerie et d'infanterie dont les hommes étaient ivres. Il en rencontra d'autres bizarrement accoutrés. Malgré la température automnale clémente, des soldats, mais également des officiers, étaient vêtus d'étranges oripeaux. Ils portaient de superbes manteaux de satin doublés de fourrure, des pelisses en zibeline, des houppelandes à la turque, étaient coiffés de toques d'astrakan. La plupart d'entre eux avaient troqué leurs souliers de marche éculés contre de superbes bottes en cuir fin d'Arménie. Tous ces vêtements, ces couvre-chefs, ces chaussures provenaient de pillages ou de marchandages.

– Qu'est-ce donc ce défilé de carnaval? finit par s'enquérir l'Empereur.

Un jeune capitaine de la Garde, plus hardi mais surtout plus franc que les autres officiers supérieurs qui chevauchaient aux côtés de Sa Majesté, eut l'aplomb de répondre:

– Sire, notre longue campagne a occasionné bien des retards dans l'approvisionnement de notre vaillante armée. Beaucoup de régiments n'ont plus d'équipements dignes de ce nom. Les uniformes des hommes sont en lambeaux, les chaussures usées. Certains marchent pieds nus depuis des jours. Or, nos soldats savent que l'hiver va bientôt venir. On dit qu'il est terrible dans ce pays. Ils cherchent à se prémunir contre ses rigueurs en puisant dans les stocks de vêtements chauds et de bottes que les

Russes ont abandonnés. Si nous sommes obligés de reprendre la route avant que le mauvais temps arrive, ces équipements leur seront de toute façon utiles.

Mécontent qu'on osât lui parler de l'état lamentable dans lequel se trouvait une partie de ses troupes, surtout qu'on évoquât la perspective d'un repli, Napoléon répondit sèchement à celui qui avait l'outrecuidance de tenir de tels propos:

– Eh bien, j'entends qu'on remédie au plus tôt à ce désordre qui transforme ma Grande Armée en une bande de saltimbanques! Nos convois de ravitaillement et d'habillement sont en route. Dès qu'ils arriveront, cette mascarade indigne devra cesser! Chaque homme recevra un manteau chaud et une paire de souliers neufs qui lui permettront d'affronter les quatre ou cinq mois de froid et de neige que nous allons subir ici!

L'incident s'acheva sur ces propos péremptoires. Chacun comprit ce jour-là que l'Empereur avait décidé de passer l'hiver à Moscou. Pour beaucoup, ce fut une grande désillusion. En voyant la ville en ruines, ils avaient pensé qu'il était impossible que l'armée y prît ses quartiers jusqu'au prochain printemps. Les entrepôts ayant brûlé, il n'y avait plus suffisamment de vivres pour alimenter la centaine de milliers d'hommes cantonnés à Moscou ou dans les environs. Quant aux convois annoncés, on n'en voyait guère pour l'instant la couleur. Beaucoup d'ailleurs étaient attaqués en route par les partisans russes. Dès que l'hiver serait là, il ne faudrait plus compter sur une seule voiture de ravitaillement en provenance de l'extérieur. Pour les hommes et les chevaux ce serait la disette. Compte tenu de cette situation alarmante, la plupart des officiers de l'état-major auraient été d'accord pour quitter Moscou et aller s'installer dans des régions moins déshéritées. La décision de l'Empereur compromettait donc gravement, à leur avis, le sort de la Grande Armée. A moins que celui-ci n'ait de bonnes raisons de penser que les propositions de paix qu'il avait adressées par courrier spécial à son «frère» Alexandre seraient d'ici là acceptées.

Toujours dans le sillage du personnel et de l'escorte de la maison impériale, les rouliers du Grandvaux avaient eux aussi traversé la cité tsariste en ruines. Bien qu'elle commençât à être aguerrie par toutes les scènes d'horreur auxquelles elle avait assisté depuis le début de la campagne de Russie, Pauline Paget n'en fut pas moins bouleversée par le spectacle désolant offert par la ville qu'elle avait traversée quatre jours plus tôt alors qu'elle était encore intacte. Comment et pourquoi ses habitants avaient-ils procédé eux-mêmes à sa destruction ? Elle avait encore en mémoire la vision de son opulence. De ses innombrables clochers aux bulbes d'or, de ses maisons aux façades pimpantes sous le soleil, de ses quartiers commerçants regorgeant de marchandises. Comment ces gens avaient-ils pu délibérément sacrifier toutes ces richesses, ces prodiges d'architecture, cette magnificence ?

Des incendies, Pauline en avait vus quelques-uns autrefois dans son Grandvaux natal, provoqués par la foudre ou une imprudence, mais jamais volontairement de la main des hommes. Chaque fois, pourtant, ces sinistres avaient engendré beaucoup de misère dans les familles concernées. Qu'allaient devenir à présent ces Moscovites déjà si pauvres ? Où trouveraient-ils à se loger, à manger, de quoi se chauffer ? Ceux qui les avaient incités à commettre ces actes insensés contre leur ville, contre leurs propres maisons se soucieraient-ils d'eux lorsqu'ils mourraient de faim et de froid dans quelques semaines ? Sans doute pas. Réfugiés dans les châteaux, les propriétés qu'ils possédaient dans d'autres régions, les princes, les hobereaux russes ne souffriraient guère de cette dramatique situation qu'ils avaient sciemment provoquée.

Chapitre II

Pour les Grandvalliers, un mois interminable venait de s'écouler depuis le retour de Napoléon Ier au Kremlin. Un mois durant lequel ils avaient, comme beaucoup d'autres, traîné leur ennui, ressassé leur déception. Les soins quotidiens donnés aux chevaux, le raccommodage des toiles de voitures en partie détériorées par les flammèches n'avaient pas suffi à occuper leurs mains et leurs esprits. Le métier des rouliers, leur vie, c'était la route, le négoce. A l'intérieur de la forteresse des Tsars, ils se sentaient inutiles, presque prisonniers. Leur seul avantage, comparé aux convoyeurs affectés à d'autres régiments, c'est que dans l'entourage direct de l'Empereur, leurs bêtes et eux-mêmes étaient mieux nourris. En qualité et en quantité, la maison impériale était prioritaire lors de la distribution des vivres. Malgré cela, ils aspiraient tous à rentrer chez eux. Comme beaucoup d'officiers et de soldats de la Grande Armée, ils se demandaient pourquoi Napoléon s'obstinait à demeurer dans cette ville dévastée.

Chaque jour, Pauline entrait dans l'une des églises situées à l'intérieur du Kremlin. Malgré qu'il s'agît d'un sanctuaire de rite orthodoxe, elle priait à la mémoire de son père, pour sa mère, ses frères, demandait à la Sainte Vierge, en effigie sur les icônes, qu'elle lui accordât la grâce de revenir bientôt au pays.

A deux ou trois reprises cependant, des corvées extérieures avaient rompu la monotonie de la vie de casernement des rouliers du Grandvaux. On avait désigné certains d'entre eux pour accompagner des fourrageurs chargés d'aller récupérer des provisions dans les villages des environs, surtout le bétail caché par les paysans réfugiés dans les forêts.

Pauline avait participé à l'une de ces expéditions en compagnie d'un de ses compagnons jurassiens, Just Ponard, de Fort-du-Plasne. A moins d'un jour de marche de Moscou, en plein bois, les soldats de la Jeune Garde étaient tombés sur un hameau isolé composé d'une dizaine de maisons basses aux murs de rondins, aux toits de chaume, flanquées de granges sur pilotis pour que les marchandises entreposées échappent à la vermine et aux rongeurs. La vaste clairière avait été défrichée, des champs productifs y étaient exploités. Les habitants des lieux se croyaient sans doute à l'abri d'incursions des envahisseurs, car ils n'avaient pris aucune précaution pour préserver leurs biens. En voyant déboucher, sur l'unique piste forestière qui les reliait au reste du monde, une forte troupe de cavaliers et de fantassins français, les malheureux moujiks ne songèrent même pas à fuir.

En quelques minutes, les soldats entrèrent dans les isbas et commencèrent leurs investigations. Les saloirs étaient pleins. Des viandes fumées séchaient sous les cheminées. Les granges regorgeaient de grain et de fourrage. Quant au cheptel, il était abondant et de qualité.

Les pillards ayant découvert un tonneau de vodka, ils commencèrent par en boire de larges rasades avant de remplir leurs gourdes. Ils se mirent ensuite à transporter les marchandises saisies sur les chars des rouliers dans une ambiance d'autant plus euphorique que les prises étaient bonnes et que l'alcool commençait à produire son effet.

Les paysans apeurés se laissèrent dépouiller sans rien dire, avec une morne résignation, jusqu'au moment où l'un d'eux, un colosse barbu aux cheveux roux, hirsutes, se précipita comme un fou, une hache à la main, sur l'un des soldats qui sortait de son isba en tenant dans ses bras un quartier de porc salé. D'un seul coup, le Français eut le crâne fendu en deux et sa cervelle gicla alentour.

Tous les spectateurs de cette scène aussi soudaine que tragique eurent un moment de stupeur muette. Et puis, des cris s'élevèrent dans les rangs de la troupe, une clameur faite d'indignation, de haine, d'injures, de besoin de vengeance.

La réaction du lieutenant commandant le détachement des fourrageurs fut immédiate. Dégainant son sabre, après avoir lestement esquivé un nouveau coup de hache du moujik, il lui passa sa longue lame au travers de la poitrine. L'homme roux se mit à tanguer sur ses jambes, puis sa bouche s'auréola de pourpre, comme s'il avait une rose entre les dents. Son adversaire retira son arme ensanglantée de son corps. Il tomba telle une masse, les yeux grands ouverts, avec une expression de stupeur.

Sidérés, les autres paysans ne bronchaient toujours pas. Le jeune officier ne tint pas compte de leur passivité, ni du fait qu'ils n'étaient pour rien dans l'événement qui venait de se dérouler. Il fit aussitôt rassembler tous les hommes du hameau, des adolescents aux vieillards, à l'orée de la forêt. Il constitua sur l'heure un peloton d'exécution composé de vingt soldats qui armèrent leurs fusils.

Horrifiée par ce qui allait se passer, Pauline se précipita.

– Non ! Non ! hurla-t-elle, ne les tuez pas ! Ils sont innocents ! Non...

Le bruit de la fusillade couvrit la fin de sa protestation. Une quinzaine de malheureux venaient, en quelques minutes, de passer de vie à trépas. L'un d'eux, un garçon d'une vingtaine d'années, n'était pas mort. Atteint seulement à l'épaule, il tenta de fuir. Le lieutenant ne lui en laissa pas le temps. Il lui porta un coup fatal avec le sabre encore dégoulinant du sang de sa précédente victime.

Révoltée, Pauline fustigea l'officier par cette insulte :

– Assassin ! Vous êtes un assassin ! Ces gens n'avaient rien fait !

L'autre, furieux, se retourna vivement, l'excitation de l'alcool et une lueur de meurtre au fond des yeux.

– Qu'est-ce que tu dis ? Répète !

Elle comprit que ce n'était pas le moment d'insister. Aveuglé par la haine, le lieutenant était capable de lui faire subir le même sort qu'aux autres victimes. Elle se contenta de hausser les épaules d'un air impuissant et retourna s'asseoir sur le siège de sa voiture.

La suite fut tout aussi brutale et injuste. Après avoir commandé qu'on attache les vaches et les chevaux à la queue des chars, l'officier donna encore à ses soldats l'ordre d'incendier une à une toutes les isbas. Puis le convoi quitta la clairière, n'y laissant qu'une trentaine de femmes et d'enfants en pleurs autour des maisons embrasées.

Au bord des larmes, Pauline Paget ne fit que ressasser, tout au long du retour, les images des scènes hideuses auxquelles elle venait d'assister. Elle revit le visage terrifié du jeune blessé que le lieutenant avait achevé. Il avait à peu près l'âge de Louis Belbenoît, son fiancé. Elle se demanda si celui-ci n'avait pas connu un sort semblable. Si on ne l'avait pas abattu de la même odieuse façon alors qu'il n'était pas plus coupable que les pauvres moujiks.

Pour la première fois depuis qu'elle était à son service, Pauline rendit Napoléon responsable de toutes ces horreurs. C'est lui qui avait mobilisé tous ces soldats pour les entraîner dans des guerres sans fin. Qui en avait fait par nécessité des pillards, par habitude des meurtriers. Combien de centaines de milliers d'hommes sacrifierait-il encore pour assouvir sa soif de gloire, son appétit de conquête ?

Sévère Bouvet n'avait pas participé à cette expédition de fourrageurs, mais à une autre qui s'était mal terminée pour les Français. Alors qu'ils se rendaient dans un village des environs de Moscou, animés des mêmes intentions de rapine, ils étaient tombés dans une embuscade tendue par les paysans russes. Trois soldats avaient trouvé la mort dans l'engagement, quatre autres avaient été blessés. Le doyen des Grandvalliers avait quant à lui perdu un cheval dans l'affaire et été contraint d'abandonner la voiture à laquelle celui-ci était attelé. Sévère Bouvet était d'autant plus aigri que le fourrier de l'intendance avait refusé de le dédommager pour le préjudice qu'il venait de subir, reportant son indemnisation à son retour en France.

La plupart des rouliers du Grandvaux étaient las d'attendre. Ils s'ennuyaient à ne rien faire. Certains s'étant mis à jouer aux cartes avec les soldats avaient perdu une partie de leur solde de réquisition. D'autres s'enivraient.

Pauline était elle aussi déprimée. Toujours sans nouvelles des siens, elle se désespérait à la perspective de passer de longs mois d'hiver à Moscou. A force de ruminer de sombres pensées, l'idée lui était venue de tenter une démarche afin d'essayer de rentrer plus vite en France.

Prenant prétexte de la maladie de sa mère, de l'inexpérience de ses frères cadets dans la gestion de la ferme familiale, elle avait imaginé la possibilité de faire part de ce problème à l'Empereur. La formation d'un petit convoi qui devait rapatrier des blessés et des malades vers l'hôpital de Vilna, en Lituanie, et ensuite à Paris, lui fournit l'opportunité de mettre son idée à exécution.

Hélas, malgré toutes ses tentatives, il lui fut impossible d'obtenir une audience de Sa Majesté. Quant à espérer l'interpeller lors des parades militaires quotidiennes qui se déroulaient dans la cour du Kremlin, c'était d'avance peine perdue. Elle s'était donc rabattue sur Caulaincourt, croisé un matin dans l'une des dépendances du palais.

Après l'avoir écoutée distraitement, le Grand Ecuyer de Napoléon Ier, qui n'avait aucun soupçon concernant le sexe de son interlocutrice, l'avait vertement envoyée paître par cette réponse :

– Mon petit ami, il y a ici des tas de soldats qui ont comme toi, en France, des vieux parents dans le besoin. Aucun d'entre eux ne songe à se soustraire à ses obligations. Quand on a l'honneur de servir l'Empereur, on ne déserte pas son poste !

Plus forts que la volonté de Napoléon Ier, les événements vinrent, quelques jours plus tard, contrarier soudainement sa décision de laisser la Grande Armée hiverner à Moscou.

Toujours soucieux de savoir ce qui se passait en haut lieu, Sévère Bouvet avait lié connaissance avec un gratte-papier nommé Rochat, originaire du Sentier, un bourg suisse proche de la frontière française, où il s'était rendu souvent autrefois pour livrer des marchandises. Le garçon, qui appartenait au secrétariat de Napoléon, raconta qu'on venait de recevoir deux mauvaises nouvelles à l'état-major. D'abord l'annonce de la défaite cuisante de Joachim Murat, dont la cavalerie s'était fait tailler en pièces à la suite d'une attaque surprise des Russes, dans la région de Taroutino. Le roi de Naples ayant perdu trois mille hommes, trente-six canons et la plus grande partie de ses chevaux dans cette affaire, était désormais incapable d'assurer la couverture de Moscou en tenant la route de Kalouga.

La seconde information inquiétante était la défection des troupes autrichiennes et prussiennes chargées de défendre les arrières de la Grande Armée. Pire, les rapports reçus disaient qu'au moindre revers, ces «alliés» passeraient avec armes et bagages dans le camp adverse!

Ces nouvelles catastrophiques, parvenues le 18 octobre 1812 vers midi au Kremlin, frappèrent l'Empereur d'une véritable commotion. Elles le tirèrent brusquement de l'espèce d'insouciance dans laquelle il se complaisait depuis un mois et brisa surtout l'espoir chimérique qu'il caressait de signer bientôt un traité de paix avec son «frère» Alexandre. Il comprit d'emblée qu'il n'était plus question de tergiverser, d'attendre plus longtemps une réponse du Tsar à ses propositions. Si les Russes venaient de passer brusquement à l'offensive, pour la première fois depuis le début de la campagne, c'est qu'ils voulaient la reprise de la guerre. Le maréchal Koutouzov, ayant sans doute reçu des renforts, allait mettre le siège devant Moscou, peut-être couper ses occupants de tous contacts avec l'extérieur.

Réalisant brusquement qu'il avait perdu un temps précieux et que cela risquait de lui coûter cher, l'Empereur décida aussitôt de réagir:

– L'avant-garde partira dès la nuit prochaine, ordonna-t-il aux officiers de son état-major. Elle sera suivie, à l'aube, par la division Roguet, chargée d'escorter les équipages du quartier général. Puis la Vieille Garde sortira. Derrière elle, la Jeune Garde. Enfin, la cavalerie. Moi, je partirai demain dimanche 19 octobre à sept heures du matin. Le maréchal Mortier et la division Laborde resteront dans la ville et la tiendront avec la prudence convenable. On fera miner le Kremlin. Je tiens à ce que ce repli ait l'allure d'une manœuvre, afin que ni la Russie, ni la France, ni l'Europe ne puissent penser que j'abandonne définitivement Moscou. A cet effet, une proclamation sera rédigée, disant que les bruits d'évacuation et de retraite sont faux. Elle signalera que l'armée se porte sur Kalouga, Toula et Briansk pour s'emparer de ces villes importantes, des dépôts de ravitaillement et des manufactures d'armes qui s'y trouvent.

En quelques heures, l'Empereur retrouva l'allant stratégique du général Bonaparte, la finesse politique internationale de Napoléon.

Le même soir, une estafette quitta Moscou pour Paris en emportant, outre une lettre pour l'impératrice Marie-Louie, un texte pour le prochain Bulletin de la Grande Armée et, à destination du Conseil d'Etat, un décret portant la signature de l'Empereur réglementant le Théâtre-Français.

Chapitre III

Ce dimanche 19 octobre 1812, depuis les premières lueurs de l'aube, Pauline Paget exultait. Elle avait enfin repris sa place à la tête de son attelage au grand complet et quitté l'enceinte honnie du Kremlin. Après avoir retraversé les quartiers sinistrés, franchi le pont sur la Moskowa, elle s'était éloignée de la ville où tant d'événements tragiques s'étaient déroulés depuis exactement un mois et un jour.

A présent, pensait-elle, chaque tour de roues la rapprochait de la France. Depuis la veille au soir, lorsqu'on avait ordonné aux rouliers de se tenir prêts à partir, elle savait que son long calvaire allait s'achever. Elle n'avait attaché aucun crédit aux rumeurs qui circulaient parmi les troupes, prétendant qu'on se dirigerait d'abord sur Kalouga pour y livrer une décisive bataille contre les Russes avant de descendre ensuite vers le sud pour y faire de nouvelles conquêtes.

Pour elle, si l'Empereur abandonnait Moscou, ça n'était certainement pas pour chercher à s'emparer de cités moins riches, moins prestigieuses. Il quittait ce pays parce qu'il pensait que la poursuite de la campagne de Russie ne se justifiait plus. Qu'aurait-il en effet à gagner en s'enfonçant plus avant dans ces immensités stériles? Quel profit tirerait-il de ces régions déshéritées parsemées de localités misérables dont les habitants mouraient eux-mêmes de faim, car leurs champs et leurs cheptels étaient insuffisants à subvenir à leurs besoins?

Seuls le bon sens et un solide optimisme amenaient Pauline à raisonner de la sorte, alors que la plupart de ses compagnons de route et d'infortune redoutaient d'être entraînés encore dans une nouvelle et dangereuse aventure.

Tout en roulant, la jeune fille calculait qu'il lui faudrait sans doute un peu plus de deux mois pour regagner le Grandvaux. Si tout se passait bien sur la route du retour, elle pourrait peut-être fêter Noël parmi les siens. Depuis l'aube, ce dimanche matin jour du Seigneur, comme elle n'avait pas la possibilité d'assister à un office, elle priait beaucoup pour que ce souhait se réalise.

Plus prudent dans ses prévisions, Sévère Bouvet, dont les attelages précédaient comme d'habitude ceux de Pauline, n'était pas aussi sûr que leurs misères s'achèveraient aussitôt franchies les portes de Moscou. Il avait néanmoins évoqué la veille une fin possible de la guerre :

– Dès que nous serons hors de ses frontières, avait-il prédit, le Tsar demandera la paix. Il ne voudra pas risquer une nouvelle invasion. Il n'y aura donc eu ni vainqueur ni vaincu dans cette affaire. Seulement des dizaines de milliers de pauvres diables comme nous qui y auront laissé la vie, un membre ou leurs chevaux.

Il avait aussi conjecturé que la retraite précipitée de la Grande Armée ne serait pas une partie de plaisir. Même en empruntant un autre itinéraire qu'à l'aller par la vieille route de Kalouga, il faudrait, pendant des jours et des jours, retraverser des plaines désertiques, passer à travers des forêts infestées de partisans, franchir à gué ou sur des ponts vermoulus d'innombrables cours d'eau. Sans doute manquer d'approvisionnements pour les hommes et les bêtes.

Prévoyant comme il l'était toujours, le vieux roulier avait encore conseillé à sa protégée de charger sur ses voitures un maximum de mesures d'avoine, de trousses de fourrage, et de remplir sa «malle de brancard»[1] de nourriture pour elle-même. Il lui avait aussi fait ferrer ses chevaux à glace la semaine ayant

---

[1] Grande malle en bois attachée par des chaînes aux brancards.

précédé leur départ, alors que tous ignoraient encore que la Grande Armée quitterait Moscou.

– Ici, avait-il auguré, l'hiver risque d'arriver comme chez nous dans le Grandvaux, sans crier gare ! Il vaut mieux être prudents pour nos bêtes en les équipant, plutôt que de risquer qu'elles se cassent les pattes dès le premier verglas !

Une fois de plus, Pauline avait suivi les judicieux conseils de son mentor. Jusqu'ici, ceux-ci lui avaient été bénéfiques.

En ce début d'après-midi, environ huit heures après avoir quitté Moscou, elle se sentait toujours dans une sorte de douce euphorie. Elle était heureuse, pleine de force, de confiance. L'argent des soldes perçues pour sa participation et celles de ses attelages à la campagne de Russie était sagement rangé sous ses pieds, dans le coffre cadenassé de son char. Cette somme importante, la première qu'elle eût gagnée de sa vie, servirait à payer les dettes que son père avait contractées avant de partir auprès des fournisseurs dont il avait eu la charge de vendre les produits. Grâce à elle, le montant intégral du chiffre d'affaires qu'on avait crapuleusement dérobé à Aristide Paget serait remboursé.

Le temps s'accordait merveilleusement au secret ravissement de la jeune fille. C'était une splendide journée d'automne, comme celles que connaissait parfois ce pays en cette saison. Sous un ciel d'un bleu tendre, la plaine était caressée d'une brise légère, d'une délicieuse tiédeur. Le soleil encore chaud avivait les teintes cuivre et or d'un paysage de prairies parsemées de bosquets et de buissons. A l'exception de la Grande Armée en marche sur la route reliant Moscou à Kalouga, toute vie semblait absente de ce décor que seules traversaient parfois les hautes envolées d'oiseaux sauvages en migration vers le sud.

En se levant de son siège, debout à l'avant de sa voiture de flèche, Pauline pouvait voir devant elle une partie de la longue colonne à laquelle ses chars étaient intégrés. L'avant-garde, partie au milieu de la nuit, n'était déjà plus visible. Elle devait se trouver à présent à cinq ou six lieues en pointe, perdue dans la ouate bleutée estompant les limites de l'horizon.

Le train de la maison impériale était par contre dans son ensemble parfaitement identifiable. Quatre cents véhicules, calèches, berlines, fourgons, transportaient le personnel civil et les bagages de la cour. Les chariots des Grandvalliers se trouvaient en queue de ce cortège officiel qui progressait, flanqué de chasseurs à cheval de la garde, aux uniformes vert foncé, aux colbacks noirs.

En regardant derrière elle, la jeune roulière ne distinguait plus la ville de Moscou, disparue dans les replis de la vallée de la Moskowa. En revanche, elle pouvait voir sinuer dans la plaine, telle la lanière d'un fouet déplié, le tracé d'une immense cohorte composée de milliers de voitures, de prolonges d'artillerie, de régiments de cavalerie et d'infanterie. Ces derniers portaient des uniformes chatoyants et le soleil faisait briller leurs casques comme les reflets d'un long fleuve.

Aux véhicules transportant le matériel militaire s'étaient mêlées, ce matin du 19 octobre, toutes sortes de voitures appartenant à des civils. Il s'agissait de Moscovites d'origines étrangères restés dans la ville lors de l'arrivée de la Grande Armée. La majorité d'entre eux étaient Français: des négociants, des précepteurs, des artistes, des aventuriers... Tous avaient préféré s'enfuir pour échapper à la vindicte des Russes, qui ne manqueraient pas de se venger en voyant dans quel état se trouvait Moscou. Eperdus, paniqués, ces gens avaient, la nuit précédente, entassé en hâte sur des véhicules attelés, mais aussi sur des charrettes à bras, des ballots, des malles, du mobilier. Certains d'entre eux, chargés de famille, prévoyant qu'ils auraient besoin de lait pour nourrir leurs enfants en bas âge, traînaient, attachée à l'arrière de leur cabriolet ou de leur phaéton, une vache ou une chèvre.

Comme ils n'avaient guère l'habitude de progresser en groupe, ces fugitifs retardaient la marche du convoi. A une ou deux lieues seulement de Moscou, quelques-uns avaient déjà rompu un essieu, brisé un brancard. Ces accidents suscitaient chaque fois une immense pagaille.

Les civils n'étaient pas les seuls à troubler la progression de la cohorte. Les officiers et sous-officiers de plusieurs unités, peu disposés à abandonner les fruits du produit de leurs juteuses rapines, avaient, la veille, réquisitionné des «drojkis», voitures de paysans attelées de petits chevaux russes aux côtes saillantes, au front bas et aux yeux tristes. Ils avaient confié la conduite de ces chariots surchargés de rouleaux de soieries, d'argenterie, de vaisselles précieuses, d'objets d'art, de tableaux, à des soldats du rang. Ceux-ci ayant eux-mêmes fait, avant de partir, amples provisions de vin et d'alcool, étaient pour la plupart ivres morts. Beaucoup dormaient sur leur siège. Lorsque la caravane s'arrêtait inopinément, leur attelage, non maîtrisé, rentrait dans celui qui le précédait. L'incident suscitait aussitôt un beau concert de vociférations et d'injures.

Le convoi comprenait des ambulances mais, comme elles n'étaient pas assez nombreuses, les médecins avaient réparti des blessés et des malades sur d'autres véhicules. Ils avaient choisi ces malheureux parmi les moins atteints, ceux jugés susceptibles de supporter les fatigues du voyage. Les autres avaient été abandonnés à leur triste sort dans les rares hôpitaux moscovites encore intacts. Privés de soins, ils ne tarderaient pas à succomber. Dès leur retour, les Russes se chargeraient sans doute d'achever ceux qu'ils trouveraient encore en vie.

Coincés entre les caisses, les paquets et les malles, ces milliers de pauvres invalides, blêmes, semblant ne plus avoir une seule goutte de sang dans les veines, le bras, la jambe, la tête enveloppés dans des linges ensanglantés, allongés à même le plancher des voitures, subissaient l'incessant calvaire des cahots de la route. Des hurlements, des cris déchirants s'élevaient à chaque instant, poussés par des hommes qui ne semblaient plus avoir de souffle que pour manifester leurs souffrances. Beaucoup demandaient sans cesse à boire. Hélas pour eux, les bien portants ne se souciaient pas de leurs malheureux compagnons. Indifférents, blasés des horreurs de la guerre, ils poursuivaient leur marche en faisant semblant de ne rien entendre, pour ne pas ralentir l'allure du convoi.

D'autres miséreux cheminaient à pied, enchaînés, mêlés à la colonne. C'était des prisonniers russes, affamés, sales, guenilleux, sans chaussures. Encadrés de soldats baïonnette au canon, on les emmenait afin qu'ils servent d'otages en cas d'attaques de partisans ou d'échanges contre des Français capturés par l'ennemi.

Pauline Paget découvrait cet étonnant spectacle en se levant de temps en temps de son siège. Un immense moutonnement humain et animal à perte de vue dans l'espace infini de la plaine. Une rumeur ample, semblable à celle d'un torrent de montagne lui parvenait. Bruissements de sabots, roulements, grincements de roues, cahotements de caissons, cris humains, hennissements s'entremêlaient, se répétaient sans cesse.

A plusieurs reprises, elle reconnut au loin, sous le soleil, à une lieue au moins en arrière, les blanches silhouettes d'une suite de voitures granvallières. Il devait s'agir des attelages des quelque deux cents rouliers que Napoléon avait requis dans les villages du Grandvaux pour participer à sa campagne de Russie.

Pauline ne put s'empêcher de se demander si parmi eux se trouvait Guillaume Pécherey. Peut-être le rencontrerait-elle à nouveau lors de l'arrêt d'un prochain bivouac? Il faudrait bien alors qu'il avoue la vérité, car Sévère Bouvet et un certain nombre de ses compagnons étaient décidés à l'aider pour faire rendre des comptes à l'odieux personnage.

Chapitre IV

Depuis combien de temps la Grande Armée avait-elle quitté Moscou? Huit? Dix jours? Bien peu parmi les membres de la gigantesque cohorte s'en souvenaient. Pauline Paget elle-même, comme la plupart de ses compagnons Grandvalliers, était incapable de le dire. De la même manière, tous ignoraient en quel lieu du vaste empire des Tsars ils se trouvaient? A part Napoléon Ier et les officiers de son état-major, nul ne disposait de cartes de la région.

Tout d'abord, les soldats avaient retenu le nom de la ville de Kalouga comme étant le premier objectif à atteindre. Ces trois syllabes sonnaient bien à leurs oreilles. Ils disaient: «Nous descendons vers les provinces du sud. C'est un pays de cocagne qui possède beaucoup de ressources. Nous y aurons à manger et du soleil durant tout l'hiver!»

Or, un matin, une rumeur avait remonté la colonne comme une traînée de poudre. L'avant-garde venait de changer brusquement de cap sur ordre de l'Empereur. On n'allait plus vers le sud, mais le nord-ouest. On remontait à présent en direction de Smolensk par l'itinéraire maudit emprunté quelques semaines auparavant lorsqu'on marchait sur Moscou!

Au début, nul ne sut, au sein des troupes, les raisons de cette brusque volte-face. Personne ne protesta, bien sûr, car on n'avait pas le choix. Chacun pensa cependant à part soi que cela n'augurait rien de bon. On allait repasser bientôt à travers les régions où les hommes et les bêtes avaient crevé de soif et de faim par milliers parce qu'on n'avait pas trouvé de nourriture dans les villes et les villages dévastés où les Russes avaient même, avant leur départ, empoisonné les puits avec des charognes.

D'autres mauvaises nouvelles s'étaient bientôt répandues. D'abord celle de l'abandon de Moscou par la garnison commandée par le maréchal Mortier. Il avait pourtant été prévu que celui-ci s'y maintiendrait jusqu'à l'arrivée de renforts qui devaient venir de Vilna. Avant de partir, les Français avaient parachevé la destruction de la ville en faisant sauter le Kremlin.

Bien que talonné par les Russes, le duc de Trévise était quand même parvenu à rejoindre la Grande Armée, qui venait de bifurquer sur sa droite. Il en avait grossi l'avant-garde. Malgré ce renfort, la situation des forces impériales devenait de jour en jour plus préoccupante. Le vieux maréchal Koutouzov, sortant de son attentisme, s'était lancé à la poursuite de Napoléon Ier. Ses cosaques, ses partisans fanatisés harcelaient quotidiennement les Français et leurs alliés sur leurs flancs en leur infligeant de grosses pertes.

Dans des conditions de plus en plus difficiles, la cohorte des fuyards s'étirait jour après jour un peu plus sur la route défoncée que les pluies transformaient à nouveau en bourbier. Le mauvais temps était revenu. Le vent d'automne avait chassé le bleu d'azur du ciel en le remplaçant par d'épais nuages gris. Des brumes tenaces et un crachin persistant imprégnaient d'humidité les uniformes et de découragement les âmes des soldats.

La boue ralentissait à nouveau le convoi. A chaque instant, des voitures prises jusqu'au moyeu des roues encombraient le passage. On les dégageait le plus rapidement possible en y attelant des chevaux supplémentaires, mais le plus souvent des équipes de sapeurs les basculaient sur le côté pour faire place libre. Ces opérations se faisaient surtout au détriment des civils. Elles soulevaient des tempêtes de protestations de la part des propriétaires. Ceux-ci étaient alors obligés d'alléger eux-mêmes leurs chargements, d'abandonner une partie de leurs biens au bord de la route. Il en allait de même pour les «drojkis» russes réquisitionnées par les officiers. La mort dans l'âme, ceux-ci devaient aussi se séparer de leur butin.

Certains conducteurs parvenaient à répartir leur fret sur d'autres voitures, mais le plus terrible, c'est que pour y faire de la place, ils se débarrassaient des blessés et des malades. Ils les allongeaient sur les talus en leur disant que d'autres allaient les prendre à leur bord. Chacun savait bien que cette promesse était fausse, car tous les véhicules suivants étaient déjà en surcharge.

Les seuls convoyeurs qui auraient pu prendre ces malheureux éclopés à leur bord étaient ceux qui véhiculaient les gens et les biens de la maison impériale. Or, cela leur était formellement interdit. Les calèches, les berlines et autres chars de Sa Majesté devaient toujours être en mesure de progresser plus rapidement que les autres pour son seul service.

Pauline Paget avait perdu, au fil des jours, depuis le départ de Moscou, ses illusions et sa belle humeur. Le temps chagrin la rendait mélancolique. Elle se demandait à présent comment tout cela finirait. Chaque jour, elle remarquait des dizaines et des dizaines de véhicules abandonnés en bordure de la chaussée. Le plus inquiétant c'était qu'on y voyait aussi de plus en plus de cadavres d'hommes et de chevaux. Pas seulement les restes de ceux qui avaient péri à l'aller, mais aussi des plus récents, ceux des victimes tombées lors des embuscades tendues par les moujiks ou les accrochages avec les Cosaques.

Partout, sur le passage des unités valides de la Grande Armée, des blessés appelaient, tendaient des mains implorantes pour qu'on vienne à leur secours. Pauline avait le cœur serré en les voyant, mauvaise conscience de ne pas pouvoir leur venir en aide. Honteuse, elle détournait la tête au passage pour ne pas croiser le regard de ces gens condamnés à une mort certaine.

Il arrivait à présent que la Grande Armée abandonnât aussi des canons et des caissons d'artillerie. Le replis stratégique voulu par l'Empereur prenait de plus en plus l'allure d'une déroute.

Une consigne circula un jour de bouche en bouche:

– Attention! Nous arrivons dans une région marécageuse. Un coin très dangereux. Ceux qui ne suivront pas la piste balisée risqueront la mort!

Pauline, qui se fiait d'ordinaire à l'instinct et à l'intelligence de sa jument, descendit de son siège pour la prendre par la bride en progressant à côté d'elle.

L'endroit déjà précédemment traversé en sens inverse à l'aller lui parut encore plus sinistre que lors du premier passage. Il s'agissait d'une étendue de terrain gorgé de l'eau des pluies récentes, de mares fangeuses et noires. Ici et là, des monticules pointaient leurs têtes rondes au-dessus d'un sol visiblement spongieux d'où dépassaient parfois le haut des toits de berlines accidentées. Quelques rares bouquets d'arbres rabougris et défeuillés croissaient sur les buttes. La route, plus ou moins bien empierrée, frangée de roseaux, de joncs, de plantes aquatiques était elle-même instable, transformée par endroits en véritables fondrières. De place en place, des pieux fichés dans le sol signalaient les limites à ne pas franchir sans danger. Une brume bizarre, que le vent d'automne n'arrivait pas à disperser, stagnait en permanence au-dessus de la lourde immobilité de ces terres mortes.

Il pouvait être onze heures ce matin-là, lorsque le bruit d'une fusillade se fit entendre. Elle venait de l'avant de la colonne. Chacun devina qu'il s'agissait d'une embuscade tendue par les partisans russes, car cet incident se produisait de plus en plus souvent.

Conformément aux consignes, les rouliers garèrent leurs chars sur le côté droite de l'étroite chaussée pour permettre le passage des unités chargées de riposter à l'attaque. Un régiment de chevau-légers polonais ne tarda pas à défiler à la queue leu leu. Ces cavaliers étaient reconnaissables à leurs manteaux blancs, à leurs casques à houppettes rouges, à leurs longues lances aux oriflammes multicolores.

Le détachement n'avait pas encore fini de s'écouler au trot lorsque des cris s'élevèrent à courte distance. Sévère Bouvet et Pauline Paget, qui se trouvaient comme d'habitude en tête du convoi des Grandvalliers, abandonnèrent un instant leurs attelages pour aller voir ce qui se passait.

Ils virent, en arrivant peu après sur les lieux, que l'un des Polonais juché sur sa monture se trouvait embourbé au milieu du marais, à une douzaine de mètres environ de la route. Que s'était-il passé? Le cavalier avait-il manqué de maîtrise au moment où son cheval avait fait un écart? Nul ne le savait. L'homme, qui venait de prendre conscience du danger qu'il courait, était en train de labourer les flancs de son animal à grands coups d'éperons pour essayer de lui faire regagner la terre ferme.

Il apparut vite que cette tentative était vouée à l'échec. Avec une effrayante rapidité, le cheval s'enfonçait dans la vase. Plus il essayait de se dégager, plus son poids fatal le faisait sombrer au fond d'un gouffre perfide. Il eut bientôt de la fange jusqu'au poitrail. Paniqué à l'idée d'être englouti en même temps que sa monture, le Polonais grimpa en équilibre sur le dos de celle-ci. Il s'y tint un moment comme un naufragé de la mer sur une épave.

Sidérés par ce spectacle, ses camarades et les autres témoins regardaient sans réagir, comme paralysés par ce qu'ils voyaient.

– Pourvu qu'il ne saute pas, dit quelqu'un.

A peine venait-il de formuler cette crainte que le cavalier affolé, qui venait de s'apercevoir que sa monture était à présent engluée jusqu'au garrot, fit un bond dans la fange. Il fut immédiatement happé par les tentacules visqueuses qui l'immobilisèrent en quelques secondes au milieu du marais.

Le convoyeur d'un fourgon arrêté juste en face de l'endroit où se déroulait la scène accourut en apportant une corde. Avant de la lui balancer, il cria au Polonais:

– Couche-toi! Couche-toi!

L'autre, qui ne parlait sans doute pas français, ne comprit pas ce qu'il lui disait. Il continua au contraire à vouloir s'en sortir seul. Ses mouvements inconsidérés accélérèrent encore son enfoncement.

Le conducteur lui lança quand même une première fois la corde, mais si maladroitement qu'elle n'atteignit pas l'endroit où se trouvait le cavalier. Une seconde tentative n'eut pas plus de succès. Derrière le malheureux, le cheval achevait de s'enfoncer dans l'épaisseur opaque du limon. Il disparut complètement après avoir poussé un hennissement déchirant.

Voyant la maladresse du sauveteur, Pauline lui prit d'autorité la corde, dont il ne savait pas se servir. Elle l'enroula rapidement autour de son bras, la reprit en main et, avec la même habileté qu'elle eût déployé la lanière de son fouet, la projeta d'un seul coup à moins d'un pied du Polonais, qui s'en saisit aussitôt avec avidité.

Le drame qui s'ensuivit fut tout aussi rapide. Au lieu de se cramponner au filin en laissant les autres opérer, le cavalier terrorisé l'attira brutalement vers lui. Pauline, qui ne s'attendait pas à cette manœuvre, fut déséquilibrée, entraînée malgré elle dans le marais. Elle lâcha aussitôt la corde, mais il était déjà trop tard pour revenir en arrière. Avant même d'avoir esquissé un mouvement de repli, ses souliers s'enfoncèrent dans la boue. Elle ne put les dégager de cette emprise. Une voix dont elle reconnut aussitôt le timbre s'éleva derrière elle :

– Une autre corde ! Vite ! Vite !

C'était Sévère Bouvet. Il lui cria aussi :

– Allonge-toi, Pauline ! Allonge-toi !

Elle avait été tellement prise de court par ce qui venait de lui arriver qu'elle demeura sans réaction durant quelques instants. Un sentiment d'horreur, d'irréparable, paralysa ses pensées. Comme elle tournait le dos à la route, elle n'avait, devant les yeux, que la vision atroce du Polonais en train de sombrer dans la couche opaque du limon. Il était déjà pris jusqu'à la poitrine.

Un réflexe de survie rompit soudain l'apathie de Pauline. Une idée lui vint: s'en sortir en faisant volte-face, en cherchant à rejoindre la route. Elle essaya de se mouvoir. En vain. Ses jambes ne lui appartenaient déjà plus. Ce n'était que des masses lourdes, lourdes, qu'elle ne pouvait plus commander. Une lassitude incompréhensible l'accablait. Comme pour accroître encore sa désespérance, elle assista à cet instant à l'engloutissement du cavalier polonais. Elle entendit son dernier hurlement de terreur, vit ses yeux s'exhorbiter lorsque la boue arriva à son cou. Puis sa bouche s'emplit de vase, éteignit son ultime cri d'épouvante. Son casque à houppette rouge disparut à son tour dans un gargouillement sinistre.

Avec une rapidité incroyable, Pauline continuait elle-même de sombrer dans la fange, dont l'odeur putride l'écœurait. L'angoisse semblait encore alourdir le poids de son corps, déjà envasé jusqu'à la ceinture. Elle comprit qu'elle allait suivre le sort du cavalier et de sa monture, disparaître à tout jamais dans les profondeurs de cette masse gluante aux succions ventousaires. Son sang affolé donnait des coups de boutoir dans ses veines. Ses dents claquaient. Elle avait le front serré comme par un étau. Elle ne cria pas, mais adressa mentalement cette prière au ciel:

– Mon Dieu! Aidez-moi à m'en sortir! Je vous en supplie!

Presque à cet instant, un léger choc la frappa au bras droit. Elle tourna instinctivement la tête et le buste. Elle venait d'être fouettée par l'extrémité d'une corde. Elle l'agrippa des deux mains, s'en entoura aussitôt le corps sous les aisselles, en la fixant solidement par un nœud. Les mouvements qu'elle fit pour s'attacher accélérèrent encore son envasement. Elle glissait inexorablement dans cette matière glaiseuse à l'odeur douceâtre d'eau croupie, sans que rien ne puisse retarder sa fin. Cependant, malgré son épouvantable terreur, elle gardait toujours le silence. Elle se contentait de prier avec ferveur.

Quelques secondes s'écoulèrent encore. Interminables. Puis la corde qui l'enserrait se tendit. Une force d'une puissance extraordinaire l'arracha littéralement d'entre les griffes du monstre qui l'entraînait vers l'abîme. Son corps fut extrait du marécage, tiré à sa surface comme une vulgaire bille de bois. La pression de la corde enserrant sa poitrine commença à l'étouffer. Un infini vertige s'empara d'elle. Elle perdit connaissance.

Lorsque les hommes qui la halaient l'extirpèrent enfin du magma infecte, elle n'entendit pas les applaudissements et les cris de joie qui saluaient le succès de son sauvetage.

Chapitre V

L'évanouissement de Pauline ne dura que quelques minutes. Après que ses sauveteurs l'eussent transportée sur son char, encore toute gluante de vase, Sévère Bouvet lui fit absorber de force une rasade de gentiane, un alcool fort distillé dans le Haut-Jura, dont les rouliers emportaient toujours une fiole pendant leurs voyages. Cette potion fit rapidement reprendre ses esprits à la jeune fille.

Bien que son vieux compagnon de route lui eût proposé de s'occuper de son attelage en attachant Lina en queue de sa dernière voiture, Pauline décida de reprendre elle-même les rênes. Quelques instants plus tard, lorsque le convoi se remit en marche, elle s'y intégra comme si rien ne s'était passé.

Durant le reste de cette journée, la jeune fille vécut un long et solitaire calvaire. Elle dut supporter tout d'abord l'humidité et l'odeur nauséabonde dont ses vêtements s'étaient imprégnés dans les marécages. Il lui fallut surmonter la lassitude, les douleurs suscitées dans tout son corps par l'accident dont elle venait d'être victime. Elle avait les épaules, la poitrine meurtries, la tête lourde comme du plomb, les jambes molles. Elle lutta contre la fatigue afin de rester en éveil pendant la fin de la traversée des marais. Elle eut aussi à maîtriser une folle envie de pleurer, suscitée par l'émotion ressentie lors du drame dont elle avait été témoin.

Durant des heures, elle revécut sans cesse l'agonie du malheureux Polonais et de son cheval. C'était un tout jeune homme, de l'âge de Louis Belbenoît. Peut-être avait-il, dans son pays, une mère, une fiancée, dont les vies seraient brisées par sa disparition? Jamais personne ne pourrait leur raconter de quelle atroce manière il était mort. Chaque fois qu'elle repensa à cette scène, des frissons parcoururent son échine à l'idée qu'elle avait elle-même risqué d'être engloutie dans l'abîme visqueux du marais. Seules, les prières qu'elle marmonna jusqu'à la fin du jour pour remercier Dieu l'aidèrent à supporter cette épreuve.

Ce ne fut que le soir, au bivouac, qu'elle put enfin faire un brin de toilette et tirer de son coffre un costume de rechange sec, ce qui lui permit de se débarrasser des vêtements maculés de fange, dont la seule odeur lui rappelait les terribles instants qu'elle avait vécus.

Comme l'avait prévu Sévère Bouvet, l'hiver arriva brusquement quelques jours plus tard. La température baissa en une nuit à moins dix degrés au-dessous de zéro. Cette première gelée roidit d'une gangue de givre les arbres des forêts, saupoudra de poussière argentée les herbes des prairies. Les convoyeurs ne furent tout d'abord pas affectés par cette brutale chute du thermomètre. Ils se félicitèrent au contraire du fait que la route étant à présent gelée, leurs voitures y roulaient mieux que dans la boue.

La température ne remonta guère la journée suivante. Un vent glacial se mit à souffler, entraînant à la dérive dans le ciel de sombres escadres de nuages. Les premiers flocons, d'abord clairsemés, tombèrent vers le soir, épandant un fin duvet sur la plaine.

Le lendemain au réveil, le paysage était uniformément recouvert d'une couche blanche d'un demi-pied d'épaisseur. Comme le soleil avait fait sa réapparition et éclairait la plaine d'une intense luminosité, pour beaucoup, cette première neige ne serait qu'un caprice de l'atmosphère. Elle ne tiendrait pas longtemps. Seuls les Grandvalliers, habitués depuis l'enfance dans leur rude vallée à déceler les signes avant-coureurs de l'hiver, comprirent que celui-ci venait de s'installer pour toute la saison.

De fait, la nature leur donna bientôt raison. Les jours suivants, la température ne cessa de dégringoler. Les chutes de neige se succédèrent. La colonne de la Grande Armée, déjà étirée sur plusieurs lieues, s'échelonna encore un peu plus. Au lieu de s'enliser dans la boue, nombre de voitures restèrent prises dans la neige. En maints endroits, en nivelant celle-ci, le vent fit perdre aux hommes et aux chevaux la mémoire de la route. Des véhicules se renversèrent dans les trous, s'empêtrèrent dans des broussailles. Il fallut les abandonner.

Chaque jour, les conditions de vie de la Grande Armée empirèrent. Aux harcèlements quotidiens des Cosaques et des partisans s'ajoutèrent ceux du froid, de la faim.

Les soldats, équipés pour une rapide campagne d'été, n'avaient pas été dotés de vêtements suffisamment chauds pour affronter les rigueurs de l'hiver. Le thermomètre se maintenant nuit et jour à quinze ou vingt degrés en dessous de zéro, les hommes durent se débrouiller pour lutter contre le froid. Beaucoup s'attaquèrent aux voitures chargées de précieuses pelleteries de costumes exotiques pillés dans les boutiques moscovites. On vit dès lors des scènes étranges. Des unités entières affublées de défroques de mascarade, avec des chiffons attachés à leurs chaussures sans semelles. Leurs armes étaient les seuls signes qui les distinguaient encore des cohortes de civils retraitant en leur compagnie.

Une autre épreuve que la Grande Armée avait déjà subie à l'aller recommença, celle de la disette. Les vivres emportés de Moscou s'étant rapidement épuisés, ni les hommes ni les bêtes ne purent manger à leur faim. Un grand nombre de chevaux, tristes haridelles aux côtes saillantes, aux fers usés, glissèrent sur la neige damée par le roulage et les piétinements, s'effondrèrent, pattes brisées. Un coup de pistolet acheva leur agonie.

Chaque fois, la même scène se reproduisit. On vit des soldats se précipiter, coutelas en main. Se mettre à dépecer les cadavres. Ils découpaient prestement des morceaux de chair destinés à être rôtis le soir au bivouac. Certains n'avaient pas la patience d'attendre. Ils dévoraient à pleines dents les cœurs et les foies crus, sans se soucier de se maculer la moustache et la barbe. D'autres entaillaient les animaux au cou, buvaient à la régalade le jet de sang chaud qui jaillissait de la plaie.

Bien que rationnés eux aussi, les chevaux des rouliers restaient quand même les plus valides. Ils ne tardèrent pas à attiser la convoitise. Un matin, l'un des Grandvalliers s'aperçut que, durant la nuit, des inconnus s'étaient subrepticement glissés près de l'endroit où ses bêtes étaient attachées et qu'ils en avaient saignées quelques-unes au garrot. Dès lors, pour éviter que cette triste mésaventure ne se renouvelât, les Jurassiens mirent en pratique chaque soir la méthode employée autrefois dans les régions peu sûres qu'ils traversaient en groupe. Ils disposèrent leurs chars en rond, parquèrent leurs chevaux au milieu du cercle, et veillèrent à tour de rôle afin que personne ne s'y attaquât. Une autre menace pesa bientôt sur le convoi : celle des loups ! Attirés de loin par les cadavres qui jalonnaient le parcours de la Grande Armée, ils étaient arrivés par centaines des steppes sibériennes. Durant toute la journée, ils accompagnaient en flancs-gardes la marche de la colonne. Ils s'en rapprochaient parfois pour s'attaquer aux dépouilles des hommes et des chevaux. Quelques coups de feu les faisaient fuir, mais ils revenaient presque aussitôt, toujours aussi avides, aussi féroces.

Matin et soir, à présent, les Cosaques harcelaient le convoi. Sortant des bois par dizaines, ils déboulaient en avalanches, montés sur des petits chevaux aux longues crinières. Ils portaient des toques de fourrure, des bonnets tatars, des manteaux de cuir, des bottes à bouts retroussés, des cimeterres luisants et des lances. Ils remontaient la colonne au galop en poussant leur cri de guerre : «Hourra ! Hourra !» Ils embrochaient tout sur leur passage, puis s'éloignaient au moment où l'adversaire se mettait en position pour riposter. On les voyait ensuite disparaître au loin après avoir ensanglanté le convoi durant leur raid, aussi rapide que meurtrier.

Epuisés, affamés, transis, découragés par l'accumulation de ces malheurs, les soldats de la Grande Armée n'avaient plus le moral. Ils ressemblaient de plus en plus à des spectres ambulants se traînant désespérément dans la neige. Leurs officiers, vêtus eux-mêmes d'oripeaux, tentaient en vain d'accélérer leur progression. Ils ne pouvaient éviter que l'innommable colonne ne se fractionne. Des unités composées de jeunes recrues ou d'étrangers n'obéissaient plus aux ordres. Les hommes se débandaient, se mêlaient en queue de convoi à la foule anonyme des civils. Certains, à bout de forces, s'asseyaient ou s'allongeaient en bordure de la route, devenant des proies faciles pour les partisans, qui les tuaient ou les dépouillaient quelques heures après.

De jour en jour, l'armée napoléonienne se délitait, se dispersait comme l'ivraie au grand vent de la plaine russe, devenue un blanc linceul d'éternité pour beaucoup de ses soldats.

Les seuls à ne pas trop souffrir de ces misères étaient les gens de la maison impériale, les officiers, les fonctionnaires, les domestiques affectés au service de Sa Majesté. Chaque soir, on déchargeait le matériel des voitures, on montait les tentes ou on aménageait le bivouac dans une isba encore intacte. On retirait des coffres les provisions, qui restaient abondantes. L'Empereur pouvait même déguster, comme d'habitude, un verre de chambertin, car on avait pris soin de mettre les bouteilles de son vin préféré à l'abri du gel.

Les Grandvalliers étaient, quant à eux, moins privilégiés. Ils percevaient certes des rations un peu plus copieuses que la troupe, mais ils connaissaient aussi les affres de la faim. Il y avait longtemps que leurs provisions de «bôlons» n'existaient plus. Seuls leurs chevaux disposaient encore d'un peu de grain, mais ces réserves aussi allaient en s'amenuisant.

Après avoir traversé pendant plusieurs jours une immense forêt aux sapins pétrifiés par la neige et le gel, la colonne arriva un soir en vue de Smolensk, dont un soleil rougeâtre, au-delà de la cuirasse glacée de la plaine, faisait se détacher à l'horizon les clochers des églises.

Beaucoup pensèrent que leurs tourments s'achèveraient ici. Qu'ils se restaureraient, se reposeraient enfin dans cette ville.

Selon la rumeur qui circulait, des renforts en hommes et en chevaux ainsi que du ravitaillement y seraient récemment arrivés.

Hélas ! comme beaucoup d'autres, cette nouvelle était fausse. Dans la cité déjà dévastée lors des combats précédents, le général gouverneur Charpentier ne disposait que de l'approvisionnement de sa faible garnison. Il était bien incapable de répondre aux besoins de milliers d'affamés qui allaient bientôt se présenter aux portes de la ville.

En même temps qu'on leur interdisait l'entrée de Smolensk, les soldats harassés apprirent une autre inquiétante nouvelle. Le gros des forces russes, ayant forcé l'allure, étaient sur le point de couper à la Grande Armée la route de la retraite !

Chapitre VI

Après Smolensk, où Napoléon Ier venait de se reposer durant quatre jours dans des conditions acceptables, compte tenu du délabrement de la ville, le convoi affecté à son service avait repris la route. L'Empereur s'était accordé ce répit après qu'une estafette lui eût apporté un courrier l'informant que vingt mille hommes du corps de réserve commandés par le maréchal Victor, marchaient à sa rencontre. Ces unités en parfait état venaient de s'opposer avec succès aux forces russes et maintenaient ouverte la route menant à Vilna. Rassuré par ces nouvelles, Napoléon recommença à espérer en des jours meilleurs. Sans paraître préoccupé par la situation catastrophique dans laquelle se trouvait la Grande Armée, il se mit à cogiter un nouveau plan d'action qui lui permettrait de retourner la situation en sa faveur.

Pauline Paget et ses compagnons conservaient un moins bon souvenir que l'Empereur de leur séjour à Smolensk, cité en partie incendiée par les Russes, ravagée ensuite par les Français et leurs alliés. La plupart des maisons étaient inhabitables. On en avait démonté les portes, les fenêtres, parfois même les poutres, pour alimenter les feux de bivouac. Quant aux magasins de vivres, ils étaient quasiment vides.

Les hôpitaux eux-mêmes avait beaucoup souffert. Leurs ruines, déjà occupées par les blessés des combats du début de l'automne et les malades de l'épidémie de typhus qui sévissait dans la ville, ne purent accueillir les malheureux que l'armée en retraite transportait dans ses bagages. On les laissa donc sur les charrettes, dans les rues. Beaucoup moururent par manque de soins ou du froid qui continuait de sévir.

Comme il était impossible d'enterrer les cadavres à cause du sol gelé, on en fit des piles impressionnantes sur les places, après qu'on les eût dépouillés de leurs vêtements et de leurs chaussures. La neige recouvrit ces tas de corps nus, qui dégagèrent une odeur putride malgré la rigueur du climat. Elle attira les loups jusqu'au milieu de la ville.

Calfeutrés dans leurs chars sur une placette située à proximité de la maison intacte où Sa Majesté avait établi son quartier, les rouliers de Grandvaux furent obligés, pendant quatre jours et quatre nuits, de défendre leurs attelages contre les fauves, mais aussi des hommes affamés, animés par une idée fixe: celle de transformer leurs chevaux en viande consommable. Ceux-ci rôdèrent en permanence autour de leur bivouac. Les Grandvalliers, ayant récupéré des armes prises sur les soldats morts, firent feu à plusieurs reprises contre ces fricoteurs et les loups.

Tandis que Napoléon Ier et le personnel militaire et civil de sa maison s'accordaient quatre jours de repos, le reste de la Grande Armée avait dû poursuivre sa progression en direction de Vilna. En dehors des services de Sa Majesté, toutes les autres unités avaient été refoulées aux portes de Smolensk par les cerbères du gouverneur général Charpentier, qui en avait reçu l'ordre de l'Empereur. Celui-ci avait tenté de redonner un peu de moral à ses troupes en faisant répandre la rumeur d'une prochaine jonction avec le deuxième corps du maréchal Victor. Ces forces venaient, disait-on, d'infliger une sévère correction aux Russes et de leur prendre d'importantes réserves de vivres. La rencontre entre l'armée impériale en provenance de Moscou et les renforts venus de Prusse et du duché de Varsovie aurait lieu à Borisov, petite cité située sur la Bérézina, un affluent du Dniepr. On y ferait halte durant quelques jours afin que les hommes et les chevaux puissent se reposer, manger à leur faim, avant de reprendre la route en direction de Vilna, où les rescapés de la Grande Armée passeraient l'hiver au chaud.

Pauline Paget ne croyait plus depuis longtemps à ces fabulations. Le spectacle qu'elle découvrait quotidiennement après avoir quitté Smolensk démentit bientôt ces prévisions optimistes. La situation ne fit qu'empirer de jour en jour.

Jadis resplendissante avec ses fringants cavaliers, ses régiments d'infanterie en ordre parfait, ses canons bien astiqués, ses uniformes de toutes les couleurs, ses fifres et ses tambours, la Grande Armée n'était plus à présent qu'une horde grotesque de spectres en guenilles. Des soldats épuisés, hâves, hébétés, chancelants sous le poids de leurs sacs et de leurs armes. Des chevaux squelettiques auxquels on en était arrivé à faire manger la paille pourrie des grabats sur lesquels les mourants agonisaient.

Le froid, les tempêtes de neige accroissaient les fatigues de ces malheureux. Après avoir progressé tout le jour sous les rafales d'un vent du nord qui tranchait les visages de ses lames acérées, piétinés, dans une couche épaisse qui leur arrivait parfois jusqu'à mi-cuisses, les hommes harassés s'effondraient le soir au bivouac et s'endormaient aussitôt. Nombre d'entre eux ne se réveillaient pas le lendemain matin. On les abandonnait sur place, recroquevillés dans leurs haillons. On en retrouvait d'autres, qui s'étaient isolés dans la nuit pour satisfaire un besoin naturel, accroupis au-dessus de leurs déjections, car ils avaient été incapables de se relever.

Sur les voitures, les blessés et les malades n'étaient pas mieux lotis. Ils mouraient de froid par centaines sous de trop minces couvertures. Lorsqu'ils s'en apercevaient, les convoyeurs ne s'arrêtaient pas. Ils balançaient les corps raidis sur la route. Les véhicules suivants roulaient sur les cadavres raidis, enfoncés dans la neige comme des bûches de bois.

Le convoi de la maison impériale ayant pris du retard sur le reste de la colonne durant son arrêt à Smolensk, ses conducteurs remontaient à présent la pitoyable cohorte des lambins de l'armée et des civils. Bien peu d'entre eux possédaient encore des véhicules. Ils traînassaient à pied semant les restes de leurs biens ou de leurs rapines tout au long du chemin. Beaucoup d'entre eux continuaient d'avancer machinalement, pleurant la femme, les enfants, les vieux parents, dont ils avaient dû abandonner les corps à la terrifiante curée des loups.

Pauline était désormais insensible à ces scènes d'horreur toujours semblables, sans cesse reproduites. Devenue cruellement égoïste, elle s'accrochait à la vie, rejetait d'emblée ce qui risquait d'entraver, de retarder sa marche, donc son propre salut. L'esprit dépourvu de complaisance, de sentiments charitables vis-à-vis d'autrui, elle progressait sans se soucier des cadavres roidis allongés sur les accotements ou en travers de la route. Elle restait sourde aux appels déchirants de gens qui se traînaient à quatre pattes dans la neige en demandant de l'aide. Il lui arrivait même de repousser d'un coup de fouet les traînards qui cherchaient à grimper sur son char.

Sous les bourrasques glacées qui la flagellaient, mettaient son visage à vif, piquaient ses yeux de cruelles aiguilles, soumise à l'emprise permanente d'un froid prêt à la pénétrer jusqu'à l'âme à la moindre défaillance, Pauline poursuivait sa route, se laissant tirer par sa jument, dont elle fixait machinalement la foulée régulière. La tête baissée, au milieu de la tourmente, elle ne distinguait plus la plaine, les forêts, les collines proches. Sous l'avalanche continue croulant du ciel, dans la dissolvante blancheur qui effaçait les formes du monde, elle perdait toute notion du lieu et du temps.

Sa grande préoccupation était de ne pas se laisser distancer par les attelages de Sévère Bouvet. De suivre les longues lignes parallèles des ornières tracées par les voitures qui la précédaient. Elle prenait garde d'éviter les fondrières trompeuses où d'autres véhicules avaient versé.

Un autre souci du moment était l'état de santé de Virot et Griset, deux de ses chevaux affectés par une forte fièvre. Elle redoutait à chaque instant qu'ils ne s'abattent, épuisés, au milieu de la route. Qu'ils finissent tristement leur vie avec une balle dans la tête avant d'être taillés en morceaux par des crève-la-faim à l'affût des bêtes défaillantes.

Heureusement, le doyen des rouliers avait emporté dans sa malle de brancards des remèdes vétérinaires à base de plantes, élaborés par Firmin Bailly, le guérisseur du Grandvaux. Pauline les avait administrés aux deux chevaux malades. Depuis, leur état de santé ne s'était pas aggravé, mais chaque soir au bivouac, après qu'elle eût brisé la glace d'un ruisseau ou d'une source pour qu'ils puissent s'abreuver, elle se rendait compte qu'ils n'étaient pas encore guéris.

Pauline commençait elle aussi à souffrir de la faim. Toutes ses réserves précieusement économisées sur les vivres emportés de Moscou, les rations distribuées aux étapes étaient à présent épuisées. Pour calmer sa fringale, qui ne la quittait pas de la journée, elle en était réduite à ronger des couennes de lard desséchées et rancies datant de son départ du Jura.

Pourtant, dans l'impitoyable pratique du chacun pour soi qui sévissait parmi les rescapés de la Grande Armée en déroute, la seule communauté restant solidaire et unie était celle des Grandvalliers. Même à des milliers de lieues de leur vallée, ils conservaient vivaces les sentiments d'amitié et d'entraide qui étaient les qualités essentielles de leur race. Forgés pour combattre les rigueurs de la nature, de l'isolement, les années noires de la famine, les gens du Grandvaux faisaient une fois encore face collectivement à l'adversité. Lorsque le bivouac du soir les réunissait, c'était pour eux l'occasion de se secourir mutuellement. Ils partageaient le peu de nourriture qui restait dans leurs coffres. Ils s'échangeaient des roues de secours pour remplacer celles qui donnaient des signes de faiblesse. Ils se prêtaient des vêtements, des chaussures. Le groupe faisait aussi souvent front contre les amateurs de viande chevaline, mais aussi contre les officiers qui cherchaient à démanteler leurs attelages au profit de l'artillerie, obligée d'abandonner de plus en plus souvent des canons faute de chevaux pour les tirer.

Sans doute parce qu'elle était une femme et qu'ils lui vouaient tous de l'affection, les rouliers se montraient très attentionnés pour Pauline. Souvent, l'un de ses compagnons lui glissait subrepticement un croûton de pain ou un morceau de sucre. Un habitant de Fort-du-Plasne nommé Marcel Blanchot lui avait aussi donné une peau d'ours qu'il avait achetée à Moscou. Cette chaude couverture de voyage lui était précieuse en ces temps d'extrême froidure.

Par-dessus tout, la jeune fille appréciait le réconfort que ces hommes courageux lui prodiguaient. Semblables aux épicéas centenaires accrochés aux crêtes de la Joux-Devant, rien ne semblait pouvoir les abattre. Alors que des milliers de voitures embourbées, versées, brisées avaient dû être abandonnées par d'autres convoyeurs au bord des épouvantables routes russes, eux conservaient encore à ce jour la plupart de leurs chars. Le ferrage spécial des sabots de leurs chevaux permettait à ceux-ci de se sortir des pires embûches. Certes, au cours de leurs précédents périples à travers la France et l'Europe, ils n'avaient jamais rencontré d'aussi terribles difficultés. Mais l'expérience, la connaissance parfaite de leur métier les aidait aujourd'hui à mieux surmonter que d'autres les dangers quotidiens qu'ils affrontaient.

Pauline allait avoir bien besoin de l'assistance morale de ses compagnons lors de l'arrivée du convoi près de Borisov, où les débris de la Grande Armée devaient faire jonction avec le deuxième corps du maréchal Victor et trouver enfin, après tant de jours de grandes misères, un havre paisible pour se reposer.

La ville avait été prise la veille par les Russes. Le seul pont intact permettant de traverser la rivière Bérézina se trouvait à présent sous le feu de leurs canons. La route de Vilna était désormais coupée.

En apprenant cette nouvelle, un désespoir immense s'empara des rescapés de l'armée en retraite. Il ne faisait à présent aucun doute que l'ennemi était maître de la situation. Bientôt, ses régiments de Cosaques allaient déferler. Un effroyable massacre s'ensuivrait car les cavaliers des steppes étaient sans pitié. Ils ne faisaient jamais de prisonniers !

Chapitre VII

Toujours dans le sillage du train de la maison impériale, les rouliers de Grandvaux avaient rejoint, le soir du 25 novembre 1812, une métairie encore intacte appartenant au prince polonais Radzivill. Après avoir déchargé le mobilier de campagne dans la gentilhommière où Sa Majesté allait passer la nuit, ils s'étaient regroupés au milieu de la vaste cour entourée par les bâtiments des communs.

Pour la première fois depuis bien longtemps, les Jurassiens avaient pu se restaurer normalement et affourager leurs attelages, car le domaine disposait d'importantes réserves de vivres qu'on avait mises à la disposition de l'Empereur et de ses équipages.

Depuis la veille, un vent plus chaud amollissait un peu la neige et faisait remonter la température au-dessus de zéro durant la journée. Cette soudaine amorce d'un dégel passager ne rassurait pas pour autant les rouliers. Ils savaient que la boue était aussi un adversaire implacable pour leurs attelages.

Une nouvelle fois, ce soir-là, Pauline avait revu Napoléon Ier d'assez près. Il était passé à pied à quelques pas d'elle, comme toujours entouré des officiers de son état-major. Il ne lui avait bien sûr pas prêté attention. Le dos voûté, dans sa longue capote verdâtre serrée à la taille par une ceinture à boutons dorés, coiffé d'un étrange bonnet plat à rabats de fourrure sur les oreilles, il paraissait soucieux.

Des préoccupations, l'Empereur n'en manquait pas. Les Grandvalliers avaient en effet appris récemment par des indiscrétions de son entourage qu'il venait de recevoir d'inquiétantes nouvelles de Paris. Dans la capitale, profitant de l'éloignement de Napoléon, un général conspirateur, nommé Malet, avait tenté de renverser le régime impérial et de rétablir la République. Certes, ce coup d'Etat avait échoué grâce à la vigilance d'officiers restés fidèles à l'Empereur, mais depuis que celui-ci avait eu connaissance de l'affaire, il ne décolérait pas.

La situation de ses troupes était pour Napoléon Ier un autre sujet d'inquiétude. Une menace d'encerclement se précisait. Trois corps d'armée russes s'apprêtaient à opérer leur jonction. Celui de Tchigchagov tenait déjà la rive droite de la Bérézina. Ceux de Wittgenstein et de Koutousov étaient sur les talons des Français sur la rive gauche et ne tarderaient pas à les rattraper.

Au cours de la tournée de reconnaissance qu'il venait d'effectuer, Napoléon avait cependant constaté que le pont de Borisov n'était qu'en partie détruit. Il serait facilement réparable. Malheureusement, les Russes avaient disposé des canons de l'autre côté de la rivière, ce qui rendait la remise en état de l'ouvrage dangereuse. L'Empereur avait néanmoins projeté de déclencher une attaque contre l'ennemi et de passer en force sur la rive opposée. Son état-major était d'un avis contraire, car il craignait que l'opération ne se soldât par des pertes considérables, il avait dû renoncer à ce projet.

Il fallait donc que la Grande Armée trouvât un autre passage pour franchir la redoutable Bérézina, dont les flots grossis par le récent dégel charriaient d'énormes glaçons. Si elle ne le découvrait pas, acculée à la rivière en crue, dans une position désespérée, elle serait inévitablement promise à une sanglante défaite.

Le lendemain matin 26 novembre, à travers un épais brouillard masquant le paysage dont le manteau neigeux s'était à nouveau roidi de gel durant la nuit, le convoi de la maison impériale quitta au petit jour la métairie du Vieux-Borisov et remonta le cours sinueux de la Bérézina vers l'amont.

Les Francs-Comtois ne tardèrent pas à se retrouver mêlés à la même pagaille que les jours précédents. La situation de la Grande Armée ne s'était pas améliorée, au contraire. C'était un interminable défilé où les canons, les caissons d'artillerie, les fourgons militaires s'enchevêtraient aux charrettes civiles, aux roulottes de cantinières, aux ambulances transformées en sinistres corbillards semant les mourants au gré des cahot du parcours.

A présent, les troupes napoléoniennes ne suivaient plus le tracé d'aucune route. Elles empruntaient une sorte de piste suivant les méandres de la rivière. Leur progression se compliquait encore, car la croûte de neige se rompait de plus en plus souvent sous les roues des véhicules, dont il fallait doubler les attelages pour les tirer hors des ornières.

Les traînards à pied, soldats de toutes armes, les cavaliers démontés, les civils ayant fui Moscou étaient confondus dans une même masse amorphe et pitoyable. L'estomac tiraillé par la faim, les oreilles, le nez, les doigts souvent gelés, tous ces malheureux continuaient de subir un calvaire sans fin à travers la Russie. Au début, ils avaient tenté de suivre l'allure des voitures, mais la fatigue de la marche sur la neige avait alourdi et ralenti leurs pas. Le gros de la colonne hippomobile les avait peu à peu distancés. Découragés, certains s'arrêtaient, s'asseyaient au bord de la piste, lançaient des appels de détresse tant qu'ils pouvaient encore crier. Les autres continuaient d'avancer, d'un mouvement machinal, sans savoir où ils allaient.

Dans cette affreuse débâcle, les seules unités qui avaient conservé leur cohésion étaient celles appartenant à la garde impériale. Leurs régiments ne s'étaient pas débandés comme les autres. Avec leurs hauts bonnets à poil, leurs uniformes bleus aux sangles blanches, leurs plumets et épaulettes rouges semblables à des coquelicots sur la neige, ils restaient groupés comme à la parade. Leurs chants de marche s'élevaient souvent dans le vent glacial. On les entendait parfois crier « Vive l'Empereur! » lorsque la berline de leur idole remontait la colonne.

Retardés dans leur progression par de nombreux incidents de parcours, les Grandvalliers arrivèrent au milieu de l'après-midi dans un gros bourg que ses habitants avaient déserté, sans doute pour rejoindre les forêts voisines à l'approche des Français. Les Jurassiens furent surpris de constater que plusieurs centaines de soldats étaient en train de démonter méthodiquement toutes les isbas de la localité. Ils chargeaient ensuite les poutres, les solives, les dosses, les planches des cloisons sur des voitures et les conduisaient sur les berges voisines de la Bérézina. Ces matériaux récupérés étaient pris en charge par les hommes de la division du général Eblé, qui en faisaient des sortes de radeaux et des chevalets.

Dès qu'une plate-forme était achevée, on la mettait à l'eau. Une douzaine de tirailleurs armés, dotés de réserves de poudre et de balles, y prenaient place. Pour ces soldats, une périlleuse traversée commençait. La rivière torrentielle, engrossée par la fonte des neiges, roulait des flots tumultueux, noirs comme de la poix moirée. Son courant entraînait de dangereuses épaves d'arbres déracinés, mais surtout d'énormes glaçons disloqués en amont par le court dégel des jours précédents.

Aussitôt le radeau commençait à dériver sur l'étendue liquide en fureur. Les passagers le dirigeaient tant bien que mal à l'aide de longues perches, parfois même avec la crosse de leurs fusils. Souvent, l'esquif se mettait à tournoyer dans un mouvement irrésistible. D'abord debout, les hommes s'agenouillaient, puis s'allongeaient carrément, pour ne pas être éjectés. Rudement malmenés, ils se cramponnaient de toutes leurs forces aux cordages qui reliaient entre eux les éléments du radeau. Malheur à celui qui lâchait prise. Il basculait par-dessus bord et le courant l'emportait au loin sans espoir de salut.

Lorsque les rescapés parvenaient enfin sur la berge opposée, ils étaient aidés à sortir de l'eau par des cavaliers de la brigade du général Corbineau. Quelques heures auparavant, ceux-là étaient parvenus à traverser à gué la Bérézina, en transportant chacun un voltigeur en croupe. Ces unités avaient établi une tête de pont sur la rive droite de la rivière et tentaient de s'y maintenir face aux forces de Tchitchagov. A peine remis de leurs émotions, les tirailleurs étaient aussitôt engagés dans les combats.

Dès que ces unités avaient pris pied sur la rive opposée, les radeaux qui venaient de les transporter repartaient sans tarder vers leur base de départ pour aller y chercher d'autres hommes.

Durant tout l'après-midi, les rouliers de Grandvaux assistèrent à ces dangereuses traversées. Ils virent aussi l'incessant va-et-vient des voitures transportant les bois récupérés dans le bourg démantelé de Studianka ou coupés dans les forêts proches.

Un officier de haute taille, très maigre, à l'air sévère, dirigeait plusieurs centaines de soldats chargés de la construction de deux ponts sur la rivière. Il s'agissait du général Eblé, auquel l'Empereur avait confié la mission de sauver la Grande Armée du désastre.

– Sans vous, Eblé, nous sommes foutus, avait-il dit, car nous n'arriverons jamais à faire traverser la Bérézina à toutes nos troupes avant l'arrivée de Koutousov. Nous serons aussi obligés d'abandonner nos canons !

Comme il savait le faire dans les moments difficiles, le général Eblé avait réuni ses sapeurs en les plaçant devant leur écrasante responsabilité. Ceux-ci n'avaient pas dit un mot, mais s'étaient aussitôt mis au travail. Depuis le milieu de la matinée, complètement nus, de l'eau jusqu'à la taille, ils se relayaient d'heure en heure pour enfoncer à la masse des pieux dans le lit de la rivière et y arrimer sur des chevalets un tablier fait de poutres et de rondins.

Cette construction effectuée dans des conditions surhumaines par une température n'excédant pas trois degrés, sous le feu sporadique de tirailleurs russes embusqués sur l'autre rive avait progressé rapidement. Un premier pont destiné aux piétons fut achevé peu après l'arrivée des Grandvalliers sur le site. Il permit à une partie des effectifs du 9e corps, commandé par le maréchal Oudinot, duc de Reggio, de traverser la Bérézina à pied sec.

Un second ouvrage plus solide, car il devait permettre le passage de l'artillerie et des voitures de roulage, demanda encore plus d'efforts et de sacrifices. Le niveau de la rivière en crue ne cessant de monter, les sapeurs œuvrèrent dans des conditions de plus en plus pénibles, au milieu de la furie des flots déchaînés, sous la menace constante des glaçons qui fonçaient sur eux telles des hordes de taureaux sauvages, en déchirant leur chair. Plusieurs de ces courageux pontonniers furent emportés par le courant. Cependant, le spectacle de leur fin tragique n'amollit pas l'énergie de leurs camarades. Ils redoublèrent au contraire d'efforts afin que l'ouvrage auquel ils travaillaient puisse être achevé avant la nuit.

Pendant ce temps, la masse des traînards de la Grande Armée continua d'arriver sur la rive gauche de la Bérézina. Soldats civils, canons, caissons, voitures, s'agglutinèrent à la crête des talus dominant les berges. Deux autres convois de rouliers jurassiens se présentèrent aussi au sommet des pentes surplombant le cours de la rivière. N'ayant pas eu la chance d'appartenir au proche entourage de la maison impériale, ces gens et leurs chevaux avaient beaucoup souffert de la faim et des attaques des Cosaques. Une partie de ces équipages était réduits à seulement un ou deux attelages. Conducteurs et animaux n'avaient pas fière allure. Ils se traînaient lamentablement, comme le reste de la colonne.

Certains soldats à pied, plus pressés, sans doute aussi plus apeurés que d'autres par la menace que les Russes faisaient peser sur ce rassemblement d'hommes, d'animaux, de matériel, pour lesquels aucune mesure de protection ne semblait prise afin de protéger leurs arrières, tentèrent de traverser la Bérézina par leur propres moyens. Des fuyards harassés se déshabillèrent, firent un paquet de leur uniforme et, après l'avoir arrimé sur leur tête, se lancèrent à corps perdu dans l'eau glacée. Aucun d'entre eux ne parvint à gagner l'autre rive. On vit même des attelages traînant des voitures surchargées dévaler à toute vitesse la pente enneigée du terre-plein et s'engager dans le lit de la rivière. Chaque fois, le même drame se reproduisit. Les véhicules se mirent à osciller sous la violence du courant, puis les tourbillons les emportèrent au loin.

Malgré les interdictions, les conseils de prudence prodigués par les soldats de la Vieille Garde, ces scènes tragiques se reproduisirent à plusieurs reprises ce jour-là. Beaucoup d'hommes et d'animaux trouvèrent la mort dans ces tentatives désespérées.

A quatre heures de l'après-midi, ce 26 novembre 1812, le second pont fut enfin achevé. Les premiers à l'emprunter devaient être les artilleurs, car leurs canons devenaient de plus en plus nécessaires pour soutenir les éléments du 9e corps engagés contre les Russes sur l'autre rive. Ordre fut donné à une dizaine de compagnies de se rapprocher de la berge avec leurs pièces et leurs caissons. On invita aussi les cochers des véhicules de la maison impériale, notamment ceux qui conduisaient les fourgons du Trésor, de même que le groupe des Grandvalliers dont Pauline Paget faisait partie, à se préparer à passer la rivière, car ils devaient succéder immédiatement aux artilleurs.

L'Empereur, qui se trouvait à ce moment-là au côté du général Eblé, donna lui-même le signal de la traversée au conducteur de l'attelage du premier canon. L'homme, un grand gaillard barbu et moustachu vêtu de l'habit noir à longues basques, coiffé du haut shako à panache rouge, prit par la bride les deux chevaux qui tiraient le canon et s'engagea sur le tablier de l'ouvrage, large d'environ neuf pieds, mais sans garde-fou.

L'artilleur n'avait pas fait plus de dix mètres lorsqu'on le vit chanceler, tenter de rattraper son équilibre en s'accrochant aux traits de l'un des animaux. Celui-ci se mit à donner lui-même des signes de déséquilibre. Ses antérieurs dérapèrent, son arrière-train s'affaissa. Il chercha désespérément à se relever, mais ses efforts entraînèrent son congénère dans sa chute. Emporté par le poids du canon, l'attelage glissa longuement, puis homme, bêtes et pièce d'artillerie basculèrent dans les flots de la Bérézina, où ils coulèrent aussitôt en faisant jaillir une énorme vague écumante.

Les milliers de témoins rassemblés sur les berges comprirent à cet instant les causes de ce drame. Durant l'après-midi, le vent ayant brusquement tourné au nord, la température s'était abaissée de plusieurs degrés et avait verglacé les poutres et les planches imprégnées d'humidité constituant le tablier du pont.

Mécontent de ce qui venait de se passer, l'Empereur se tourna vers le général Eblé:

– Il faut trouver une solution! dit-il d'une voix sèche. On ne va quand même pas risquer de perdre ainsi tous nos canons!

Visiblement très embêté, le chef des pontonniers hasarda cette proposition:

– Sire, je vais faire répandre de la cendre et de la sciure sur le tablier...

– Nous allons perdre du temps, je n'aime pas ça!

A cet instant, une voix calme s'éleva dans le dos de Napoléon Ier.

– Sire, si vous le voulez, mes compagnons et moi pouvons faire traverser vos canons sur ce pont sans aucun dommage.

Surpris, l'Empereur se retourna. Il vit que celui qui venait de s'adresser à lui était un civil.

– Qui es-tu? questionna-t-il.

– Je m'appelle Sévère Bouvet. Je fais partie des rouliers que vous avez réquisitionnés dans le Jura pour les transports de votre armée...

– Tu prétends pouvoir traverser ce pont sans encombre?

– Oui sire, car notre métier est la route par tous les temps. Ni la neige ni le verglas ne nous arrêtent. Nos chevaux sont équipés pour affronter ces difficultés.

L'Empereur réfléchit un court instant, puis il dit:

– Eh bien, fais-moi voir ce que tu sais faire!

Quelques instants plus tard, Sévère Bouvet attela deux de ses meilleurs chevaux au timon de la prolonge d'un Gribeauval[1]. Ensuite, à l'aide de ficelles, il noua des chiffons autour de ses souliers, et, ainsi équipé, fit claquer son fouet puis engagea ses bêtes sur le pont qui craqua sinistrement sous leurs sabots et les roues de l'engin.

Le soir d'hiver tombait sur la vallée de la Bérézina. Le crépuscule donnait une teinte livide au paysage enneigé, dont les lointains alignements de sapins noirs fermaient l'horizon. Au-dessus de la

---

[1] Canon inventé au XVIIIe siècle par le général de Gribeauval.

rive opposée, un vol oblique de corbeaux se laissait emporter par les rafales du vent soufflant du nord. En bas, les flots déchaînés continuaient de charrier d'énormes glaçons, qui donnaient au passage de sourds coups de boutoir contre les piles fragiles de l'ouvrage.

Comme tous les témoins présents sur les berges, Pauline Paget assista non sans appréhension à la tentative de son vieil ami. Sûr de lui, très droit, bien campé sur ses jambes, tenant solidement ses chevaux par la bride, Sévère Bouvet traversa tranquillement le pont. Pas un seul instant ses pieds ne dérapèrent. Les animaux ferrés à glace ne dévièrent pas de leur route. Lorsqu'il fut arrivé sur l'autre rive, il les dételа et revint sans se presser avec eux.

Son exploit fut aussitôt salué par le tonnerre d'applaudissements de tous ceux qui avaient craint de ne pas pouvoir passer de l'autre côté avec leurs bêtes et leurs véhicules.

– Voilà sire, c'est fait ! dit-il simplement à l'Empereur.

– Est-ce que tes amis sont aussi capables que toi de traverser mes autres canons sur la rive d'en face ?

– Sans aucun problème, sire. Mais seulement s'ils sont d'accord pour le faire. Chez les rouliers du Grandvaux, on ne force personne à effectuer une tâche qui ne lui convient pas !

– Eh bien, pose-leur la question !

Sévère Bouvet fit quelques pas en direction des Jurassiens rassemblés sur la berge.

– Compagnons, dit-il, l'Empereur nous demande si nous pouvons l'aider à faire passer son artillerie sur l'autre rive avec nos chevaux. Que ceux qui acceptent lèvent le bras !

Il n'y eut pas une seule défection dans les rangs des Grandvalliers. Même Pauline fut volontaire. Le vieux roulier revint vers Napoléon.

– Ils sont d'accord, sire !

– Ce sont tous des braves ! La France leur sera reconnaissante pour cet acte ! Je te confie le soin de diriger le passage !

Puis, se tournant vers le général, l'Empereur ajouta :

– Eblé, cela n'empêchera pas vos hommes d'aller récupérer le plus possible de sciure et de cendres aux environs !

Chapitre VIII

Après le dantesque passage de la Bérézina, les débris épars de la Grande Armée reprirent leur progression en direction de Vilna. Tous les soldats s'attachaient au nouveau mythe que représentait cette ville lituanienne où, disait-on, ils trouveraient enfin repos et bonne chère.

Les rouliers du Grandvaux s'étaient eux aussi remis en route. Ils étaient très fiers des félicitations reçues de Napoléon et de son état-major pour leur conduite des jours précédents. Ils s'étaient en effet dépensés sans compter afin de sauver une partie de l'artillerie et des équipages de l'armée impériale. Sans leur intervention, celle-ci aurait été condamnée à un désastre rapide et total. Une fois installés sur la rive droite de la rivière, les canons préservés avaient permis au maréchal Oudinot de tenir pendant plusieurs heures l'ennemi à distance des deux ponts salvateurs.

Les Jurassiens n'en avaient pas moins assisté à des scènes d'une cruauté inouïe, depuis la berge opposée où ils s'étaient regroupés à l'issue de leurs délicates opérations de traversée.

Une fois achevé le passage des unités prioritaires, la foule des traînards s'était précipitées sur les deux ponts. Malgré la présence des soldats de la Vieille Garde qui s'efforçaient de la canaliser, une masse de piétons, de cavaliers et de cochers conduisant des voitures avait submergé les ouvrages provisoires jetés entre les rives. Des dizaines de milliers de militaires, de civils, hommes, femmes et enfants, paniqués par la rumeur de la prochaine arrivée des Cosaques s'étaient rués sur les étroites passerelles.

L'artillerie ennemie, avant qu'elle ne fût réduite au silence par celle d'Oudinot, s'en était donné à cœur joie dans un premier temps, en tirant à vue sur la foule dense qui encombrait les ponts. Les boulets, les bombes russes avaient fait un véritable carnage dans ce magma où grouillaient des êtres humains rendus fous par la peur, des chevaux cabrés, des charrettes déglinguées. Les souffles terrifiants des explosions avaient projeté en l'air quantité de corps déchiquetés, mêlés à des débris de bois incandescents. Les pontonniers s'étaient aussitôt précipités pour éteindre les incendies, découvrant sur place une horrible boucherie. Comme le temps pressait, pour dégager au plus vite le passage, ils avaient balancé sans égards dans la rivière à la fois les voitures calcinées, les cadavres, mais aussi les blessés aux membres brisés, aux épaules arrachées, aux visages brûlés par les flammes.

A d'autres instants, la multitude, effervescente comme celle d'une fourmilière, s'agglutina si nombreuses, si compressée sur les ponts que les tabliers de ceux-ci s'effondrèrent, précipitant encore des dizaines de personnes et de chevaux dans les noirs remous du courant.

Avec courage, avec obstination, les hommes du général Eblé se remirent chaque fois à l'eau afin de réparer les tabliers endommagés. Hélas, plusieurs de ces braves perdirent pied et coulèrent à pic. La Bérézina emporta, mêlés à la dérive de ses glaces, leurs corps anonymes.

Le matin du 29 novembre 1812, les rouliers du Grandvaux furent les témoins impuissants d'une autre tragédie. Le général Eblé avait reçu l'ordre de l'Empereur de détruire les deux ponts pour éviter que les Russes ne s'en emparent. Or, des milliers de traînards restaient encore sur la berge, toujours en attente de traverser la rivière. Le commandant des pontonniers avait retardé le plus longtemps possible la mise à exécution de l'ordre reçu. Mais soudain, vers neuf heures, plusieurs régiments de Cosaques appartenant à l'armée de Wittgenstein étaient arrivés au galop sur la rive gauche de la Bérézina. Sur un signal d'Eblé, les sapeurs avaient mis le feu à la poudre et à la poix répandue sur les ponts. Ceux-ci s'étaient aussitôt embrasés, alors que des dizaines de fugitifs s'y pressaient encore. Depuis les hauteurs dominant la berge opposée, les témoins médusés avaient observé l'horrible spectacle offert par les gens qui essayaient de franchir le rideau des flammes ou se jetaient à l'eau pour fuir les cavaliers russes. Tout aussi monstrueuse avait été la vision des milliers de soldats et de civils sans défense massacrés à coups de lances et de sabres par les Cosaques.

Telles furent les scènes atroces auxquelles assistèrent les Grandvalliers sur les berges de la Bérézina avant de se remettre en route. Pauline Paget sut qu'elle n'oublierait jamais ces choses-là. Elle ignorait pourtant encore qu'elle en verrait beaucoup d'autres, tout aussi cruelles et révoltantes, le long du parcours qu'elle allait suivre pour tenter d'atteindre Vilna.

Les jours suivants, la neige se remit à tomber. La tempête recommença à labourer la plaine avec son soc glacial, y creusant des milliers de tombes, pour les recouvrir ensuite de son linceul d'éternité.

La plupart des rescapés étaient devenus piétons depuis que leurs chevaux avaient péri, épuisés par la famine et la fatigue. Le dos courbé, les jambes lourdes, ils progressaient dans la tourmente blanche au milieu d'une plaine toujours sans limites, bordée de forêts impénétrables. Un paysage de fin du monde où aucune trace ne pouvait les guider, les rassurer, leur indiquer qu'ils marchaient dans la bonne direction.

La colonne morcelée en tronçons n'était plus une armée, mais une lugubre procession d'éclopés aux visages tuméfiés par le gel, aux barbes et aux moustaches gainées de pendeloques translucides, emmitouflés d'invraisemblables guenilles croûtées de glace. Certains avaient le bras en écharpe, d'autres des bandages sur le front. Beaucoup, surtout parmi les pontonniers qui s'étaient jetés à l'eau, grelottaient de fièvre. La douleur, la fatigue, arrachaient des plaintes aux plus braves d'entre ces braves. Tous avaient la même désespérance, la même lueur d'angoisse au fond des yeux. Tous savaient que s'ils s'arrêtaient au bord de la route, ils ne repartiraient plus. Epuisés, engourdis par l'aride sommeil du froid, ils seraient très vite la proie de deux sortes de charognards. Même avant qu'ils ne poussent le dernier soupir, d'autres traînards sans scrupules se pencheraient sur eux pour les dépouiller de leurs vêtements chauds, de leurs chaussures. Dénudés, ces malheureux ne tarderaient pas à devenir la pâture des loups. Chaque jour, ceux-ci progressaient toujours en flanc-garde du troupeau égaré, sachant bien que, la nuit tombée, ils feraient bombance en dévorant les corps abandonnés sur la neige.

Les Russes aussi souffraient de ces sibériennes conditions climatiques, mais ils étaient plus aguerris que les Français pour y résister. Montés sur leurs petits chevaux, ils surgissaient soudain d'un repli du terrain. La plupart étaient des asiates, Kalmouks aux yeux bridés pointant leurs longues lances, Tatars simplement armés d'arcs et de flèches archaïques. Ils chargeaient au galop en poussant d'une voix sauvage leurs terrifiants cris de guerre. Les soldats de la Grande Armée encore en état de se défendre s'agenouillaient derrière les voitures, les corps des chevaux morts et tiraient sur la horde hurlante. Lorsque les adversaires étaient au contact dans un épouvantable corps-à-corps, la parade se faisait à la baïonnette, principalement contre les chevaux. Piqués aux naseaux, percés aux flancs, ceux-ci se cabraient, éjectaient leurs cavaliers hors de la selle, et il était plus facile d'en venir à bout. Après avoir tourbillonné un instant dans une mêlée indescriptible qui répandait des torrents de sang sur la neige, les Russes repartaient aussi vite qu'ils étaient venus, abandonnant leurs morts et leurs blessés sur le terrain.

Pauline Paget et ses compagnons d'infortune n'avaient pas tardé à subir les conséquences de cet hiver féroce. Virot et Grise, les deux chevaux malades des attelages de la jeune fille, avaient fini par s'abattre en chemin. A peine tombés, ils avaient été dépecés par les habituels «viandars» à l'affût des cadavres d'animaux de trait. Ecœurée, Pauline avait assisté à la curée. Pour rien au monde, dût-elle être condamné à mourir de faim, elle n'aurait prélevé le moindre bifteck sur ses pauvres bêtes. Non sans regrets, elle avait dû aussi se séparer des deux chars. Elle en avait seulement emporté quelques planches en vue d'alimenter le feu du prochain bivouac.

Comme la jeune fille, la plupart de ses compagnons avaient perdu jour après jour une partie de leurs attelages. Non seulement ceux du groupe dont elle faisait partie depuis le départ de Saint-Laurent, mais aussi de tous les autres Grandvalliers dont les convois s'étaient amalgamés en juin aux colonnes de la Grande Armée. Les vicissitudes de la retraite les avaient égrenés tout au long des chemins après le passage de la Bérézina. Ils n'étaient plus à présent qu'une demi-douzaine autour de Sévère Bouvet, mais ceux-ci se retrouvaient parfois le soir, avec d'autres rouliers originaires du Grandvaux, devant les feux de camp.

Pour ces hommes habitués à parcourir chaque hiver les routes de France et d'Europe, la perte de leurs attelages était un coup dur. Tous étaient très attachés à leurs chevaux et les abandons de leurs chars représentaient aussi d'importants préjudices.

Bien qu'elle se fût endurcie depuis quelques mois au contact des événements tragiques qu'elle vivait quotidiennement, les nerfs de Pauline craquèrent lorsqu'elle fut obligée de se séparer de ses bêtes. Elle se désespéra d'autant plus que ses quatre autres chevaux étaient dans un piètre état. Elle avait beau secouer souvent la neige de leurs couvertures, les bouchonner, leur donner chaque soir les potions préparées par Firmin Bailly, le vieux guérisseur, ils offraient tous des signes d'affaiblissement. S'ils périssaient, comment sa famille, privée des revenus du roulage, supporterait-elle cette épreuve matérielle?

Le soir, autour des feux de bivouac, malgré leur lassitude, les Grandvalliers commencèrent à évoquer les suites de la tragédie qu'ils étaient en train de vivre. Même s'ils se tiraient d'affaire, ils se demandaient dans quelles conditions ils seraient indemnisés pour leurs dommages qu'ils subissaient. Certains d'entre eux, qui avaient précédemment participé comme convoyeurs à d'autres campagnes militaires, racontaient que l'armée remboursait mal les préjudices subis par ses supplétifs.

Ce qui les inquiétait, c'est qu'à présent les responsables de la maison impériale les avaient totalement abandonnés. Les officiers, les fonctionnaires, autrefois si tâtillons durant la journée et aux étapes, ne manifestaient plus leur présence. Sans doute se traînaient-ils quelque part à bord des dernières berlines auxquelles on avait attelé de maigres mais résistants petits chevaux russes. Quant à l'Empereur, il avait lui aussi disparu. Les grenadiers de la Vieille Garde eux-mêmes ignoraient ce qu'il était devenu.

L'annonce des morts successives de trois Grandvalliers, le premier tué par des partisans lors d'une embuscade, le second de maladie, le troisième écrasé par l'une de ses voitures lors du franchissement d'un monticule verglacé, consterna tous les rouliers et les amena au bord de la révolte. Leurs trois compatriotes étaient des hommes connus et estimés. Emile Bourgeois, de Saint-Laurent, avait quatre enfants en bas âge. Jean Charton, de Grande-Rivière, en avait trois. Alexis Saillard, de La Chaumusse, était célibataire mais subvenait aux besoins de ses vieux parents. Que deviendraient toutes ces familles après le décès de ces malheureux rouliers dont on avait abandonné les corps sous le blanc linceul d'oubli de la plaine russe? Chacun s'interrogeait pour savoir s'il ne serait pas lui-même a la prochaine victime de cette expédition insensée.

Sévère Bouvet fut le premier à réagir en apprenant ces nouvelles. Lui d'ordinaire si pondéré dans ses propos et ses actes, fut en proie à une violente colère:

– Déchargez tous vos voitures! dit-il. Ça les rendra plus légères et nos chevaux seront moins fatigués. A présent, nous n'avons que faire du mobilier de l'Empereur! Puisqu'il n'est pas foutu de nous fournir à manger et d'affourager nos bêtes, nous n'avons pas à continuer à le servir. S'il veut récupérer ses affaires, il n'aura qu'à envoyer ici d'autres convoyeurs avec d'autres attelages !

Gagnés à leur tour par le même esprit de rébellion, les Grandvalliers se mirent aussitôt à balancer sur la neige les tables, les fauteuils, les tapis, les malles à linge, les couverts, la vaisselle, les papiers d'archives qu'ils avaient transportés depuis Paris sur des centaines et des centaines de lieues.

C'est alors qu'ils s'aperçurent que certains de ces coffres contenaient encore beaucoup de nourriture. Ils trouvèrent de la viande séchée, du riz, des fèves, des lentilles, aussi des boules de pain blanc et des biscuits. Deux tonneaux bien emballés, pour les protéger du froid, contenaient même du chambertin, le vin favori de Napoléon Ier. Toutes ces réserves furent les bienvenues et permirent aux rouliers de calmer leur fringale pendant trois jours.

Pauline ne put s'empêcher de penser que l'Empereur avait eu bien de la chance d'avoir à sa disposition, depuis le début de la campagne, du linge propre, des vêtements chauds et une nourriture abondante alors que ceux qui servaient ses folles ambitions crevaient de froid et de faim sans qu'il se souciât de leur sort.

Chapitre IX

Depuis des jours et des jours, Pauline Paget continuait de brinquebaler au rythme désespérément lent de son cheval apathique. Elle avait l'impression de ne pas avancer à travers la plaine pétrifiée par la neige et le froid. Dans un univers irréel dont l'immuable blancheur abolissait les dimensions.

Combien de lieues restait-il encore à parcourir avant d'arriver à Vilna ? Elle n'en savait rien. Cependant, comme tous les participants de cette retraite sans fin, le nom de cette ville ne quittait plus son esprit. C'était une idée fixe à laquelle tous les rescapés de la Grande Armée s'accrochaient à nouveau, en espérant qu'en cette cité les calamités qui les accablaient s'achèveraient enfin.

Le lendemain de la révolte suscitée par la défection de Napoléon Ier, après que les chars des rouliers eussent été allégés du matériel de la maison impériale, la jeune fille avait, dans un élan de compassion, accepté de prendre cinq traînards blessés ou malades à bord de sa voiture de flèche. Elle les avait allongés sur des sacs vides et tenté de les protéger du froid le mieux possible avec les couvertures, devenues inutiles, de ses chevaux morts.

Ce geste généreux n'avait fait qu'accroître encore sa détresse. Pendant deux jours, en ayant à chaque instant l'envie de se boucher les oreilles et le nez pour ne rien entendre, ne rien sentir, elle avait subi l'agonie de ces moribonds. Sans cesse, leurs cris, leurs plaintes l'avaient bouleversée. Ils avaient demandé à boire, appelé leurs mères, souhaité qu'on les achève pour abréger leurs tortures. Elle avait dû supporter aussi l'odeur épouvantable de leurs sanies, de leurs vomissures, de leurs excréments.

Elle était restée impuissante face à leurs souffrances, à leurs misères. Durant la journée, elle n'avait même pas pu leur donner à boire, car on ne trouvait de l'eau qu'aux bivouacs, en s'arrêtant sur les emplacements que d'autres avaient occupés la veille. Ils étaient en général situés à côté d'un ruisseau ou d'une source dont il fallait casser la glace à coups de hache. Il était par contre impossible d'emporter une provision d'eau, car elle gelait en quelques heures.

Malgré toute sa bonne volonté, n'étant pas infirmière, Pauline n'avait rien pu faire pour soulager le martyre de ses protégés, sinon prier pour eux. Demander à Dieu et à la Sainte Vierge de les garder en vie jusqu'à Vilna, où elle pourrait les confier aux soins d'un hôpital.

Le froid, l'aggravation des blessures ou des maladies firent peu à peu s'estomper les plaintes des agonisants. La mort opéra son impitoyable besogne. Les cinq passagers de Pauline rendirent l'âmes les uns après les autres. Elle dut faire appel à Sévère Bouvet pour décharger les cadavres, statufiés dans des poses horrifiques. Le vieux roulier lui recommanda de ne pas renouveler cette expérience charitable. Elle suivit son conseil.

Chaque matin, Pauline se levait elle-même sans savoir si le soir elle serait morte ou encore vivante. Elle sentait ses forces l'abandonner de plus en plus. Malgré les fourrures sous lesquelles elle s'enfouissait durant la nuit, allongée sur son chariot, son corps gourd, perclus de douleurs, l'incitait à ne pas bouger, à attendre la fin. Elle se sentait tellement ankylosée que ses membres étaient incapables de répondre aux injonctions de son cerveau. La plupart du temps, Sévère Bouvet venait la secouer rudement, l'insulter parfois, pour l'obliger à se lever et à repartir.

Le spectacle qu'elle découvrait aux premières lueurs de l'aube n'était guère encourageant. Elle constatait souvent qu'un de ses chevaux avait péri durant la nuit. Après la disparition de

Virot et de Griset, elle en avait perdu encore deux autres. A présent, elle ne possédait plus que Lina, sa jument, et Turu, un mâle. Les seuls qui avaient survécu jusqu'ici au froid et à la faim. Leur mise en route aussi était laborieuse chaque matin. Ils ne repartaient que si elle leur donnait une demi-boule de pain. C'était ce qu'elle avait économisé sur ses propres rations après le partage des provisions récupérées dans les coffres de l'Empereur. Les deux chevaux avaient ensuite bien du mal à dégager les roues des voitures prises dans les congères solidifiées, devenues dures comme du marbre. Il fallait les aider à sortir des ornières en poussant leurs chars derrière eux.

Alors que depuis des jours et des jours le ciel était resté uniformément gris, lourd de nuées neigeuses, l'aurore se leva un matin sous l'éclat d'un énorme soleil jaune. Durant la nuit, le vent du nord avait dissipé le brouillard d'étoupe qui masquait depuis plus d'une semaine les contours du paysage. La neige se mit à scintiller de mille feux aveuglants comme des reflets de diamants. La température ne s'éleva pas pour autant. Selon Sévère Bouvet, elle devait osciller en permanence depuis des jours entre moins vingt-cinq et moins trente degrés.

Cependant, bien qu'il n'y eût dans l'immensité blanche où s'étiraient les convois de la Grande Armée aucune autre trace de vie que les mobiles hordes de loups et les vols obliques des corbeaux dans le ciel dégagé, ces rayons de soleil luminescents sur la neige redonnèrent un peu de confiance et de courage aux rescapés. Les chevaux eux-mêmes, d'ordinaire indolents, allongèrent le pas. Pauline, qui n'avait pourtant pas le cœur à plaisanter, pensa: «Ma parole, on dirait qu'ils sentent l'écurie!...»

Cette idée n'était pas une boutade. Vers le milieu de la matinée, aux confins de l'océan blanc que le vent avait modelé de vagues bleues, une lointaine colline au sommet dentelé apparut. Il s'agissait des murailles, des tours, des clochers d'une ville importante. Une longue rumeur remonta la colonne:

– Vilna! Vilna! C'est Vilna!

Plusieurs heures s'écouleraient encore avant que Pauline et ses amis Grandvalliers n'arrivent à destination. Mais qu'importait! Ils touchaient enfin au but!

Hélas, il était dit que la fin du parcours ne se passerait pas aussi vite et aussi facilement qu'ils le pensaient. Une autre nouvelle, celle-ci inquiétante, se propagea bientôt:

– Attention! Soyez sur vos gardes. Les Cosaques sont arrivés en nombre aux abords de la ville!

Tous les rescapés savaient ce que cela voulait dire. Ils allaient devoir, une fois encore, affronter les escadrons rapides des cavaliers asiates qui surgissaient en quelques minutes, semaient la mort et s'enfuyaient avant que leurs victimes n'aient pu se ressaisir.

Sévère Bouvet, qui avait toujours un pistolet à portée de la main dans sa ceinture, dota Pauline d'un sabre à briquet d'artilleur ramassé en chemin. Elle accepta cette arme sans grand enthousiasme, doutant de ses capacités à pouvoir s'en servir. Elle faisait beaucoup plus confiance à son fouet, qui ne quittait jamais son épaule.

Il allait être quatre heures de l'après-midi lorsque, tout à coup, le tronçon de la colonne où les rouliers étaient intégrés fut obligé de s'arrêter. Deux cents pas plus en avant, une masse d'hommes, de chevaux, de véhicules militaires et civils venait de s'agglutiner en travers de la route, encombrant le passage. Nul ne s'alarma au début, car ce genre d'incident était fréquent lorsqu'un chariot s'enlisait dans une ornière ou cassait un essieu.

Pauline et Sévère Bouvet quittèrent un instant leurs attelages pour aller voir ce qui se passait. En s'approchant de l'attroupement, ils remarquèrent que parmi la vingtaine de voitures arrêtées se trouvaient notamment deux chars de rouliers et trois hauts fourgons de couleur vert sombre. Dans la colonne, tout le monde savait que ces véhicules attelés de deux chevaux transportaient ce qu'on appelait le «trésor de l'Empereur». Il s'agissait en réalité des fonds de l'intendance destinés à régler les dépenses de campagne de la Grande Armée.

Une scène extraordinaire était en train de se dérouler dans un décor d'apocalypse, au milieu d'un enchevêtrement de chevaux foudroyés, férocement cabrés dans leurs brancards, d'une hécatombe de chasseurs à pied de la garde impériale, tués ou gravement blessés, aussi de cadavres de Cosaques. L'endroit du massacre était piétiné. Il avait perdu sa blancheur et pris une teinte pourpre.

Une trentaine de militaires et une demi-douzaine de civils s'affairaient autour des trois fourgons abandonnés en bordure de la route. Ils en avaient ouvert les portes cadenassées, descendu les coffres et les tonneaux qu'ils contenaient. A grands coups de haches et de masses, ils s'affairent à les défoncer. Chaque choc faisait jaillir des entrailles des caisses et des barils des flots de pièces d'or qui se répandaient sur la neige ensanglantée et brasillaient au soleil.

La vue de ce trésor rendait littéralement fous tous ceux qui assistaient à ce spectacle. Il s'ensuivait une ruée de gens avides qui puisaient à pleines mains dans le prodigieux pactole. Ils remplissaient leurs poches, leurs sacs, leurs bonnets de louis d'or. Les blessés eux-mêmes surmontaient leurs souffrances et se traînaient sur le ventre pour accéder à cette véritable corne d'abondance. Toute cette effervescence était ponctuée de cris, de rires hystériques, même de pleurs de joie.

Avisant un roulier en blouse bleue, foulard rouge autour du cou, large chapeau noir sur la tête, en train de ramasser avec avidité des pièces qu'il enfouissait dans une grosse besace en cuir, Sévère Bouvet s'en approcha et lui tapa sur l'épaule.

– Qu'est-ce que tu fais donc, Grandvalli ? demanda-t-il.

L'autre, un colosse barbu, n'interrompit pas son travail et répondit sans se retourner :

– Tu vois, je récolte ! Et ça graine !

Il s'agissait de Guillaume Pécherey, que ni Pauline ni Bouvet n'avaient revu depuis qu'ils s'étaient rencontrés à Moscou.

– Mais cet argent ne t'appartient pas ! C'est celui de l'Empereur !

– A présent, c'est le nôtre ! s'exclama un sergent de dragons portant une coiffe de fourrure sur la tête et un long manteau en peau de loutre sur sa veste de drap rouge à épaulettes.

– N'empêche que c'est du vol ! Vous volez l'Empereur ! insista Sévère Bouvet.

– L'Empereur?... Parlons-en... ricana le sous-officier. Il n'y a plus d'Empereur !

– Comment ça ?

– Il a foutu le camp ! Il nous a abandonnés pour rentrer à Paris ! Comme il l'avait déjà fait avec l'armée d'Egypte !

– Oui, c'est vrai ! C'est vrai ! approuva un autre pillard. Il nous a lâchés pour aller retrouver son Autrichienne !

Désignant du doigt les cadavres des chasseurs à pied victimes du récent massacre, dont le sang empourprait la neige alentour, le sergent ajouta :

– Ceux-là ont eu bien tort de se faire tuer en défendant le magot de ce sale pleutre d'Empereur ! Heureusement, les Russes qui les ont attaqués par surprise n'ont pas su ce que transportaient les fourgons ! Sans quoi, c'est eux qui se partageraient le trésor à présent !

A peine venait-il de prononcer ces paroles qu'une voix hurla :

– Les Cosaques ! Les Cosaques ! Ils reviennent !

Sidérés par cette annonce, les pillards se redressèrent, comme mus par un même ressort. Tous regardèrent avec appréhension vers l'ouest où les ultimes rayons d'un rasant soleil d'hiver faisaient scintiller encore un peu le miroir étamé de la plaine. Fantômes gris aux longs manteaux flottants, une troupe d'une vingtaine de cavaliers fonçaient au grand galop dans leur direction.

Chapitre X

En voyant se rapprocher les Cosaques, le sergent de dragons qui avait interpellé Sévère Bouvet fut le premier à réagir.

– En position ! Vite ! En position ! commanda-t-il aux soldats qui se trouvaient sur place.

Ceux-ci représentaient un échantillon des traînards de divers régiments de la Grande Armée. Face au danger, les hommes retrouvèrent aussitôt un réflexe d'autodéfense. Ils se saisirent des fusils qu'ils portaient en bandoulière ou à la bretelle et gagnèrent leurs postes de combat à l'abri des fourgons ou des cadavres de chevaux morts. Quant aux civils, qui n'étaient que huit en comptant Sévère Bouvet et Pauline Paget, ils trouvèrent refuge entre les roues des voitures. Chacun d'eux savait que lors d'une charge de cavalerie, il était très dangereux de rester debout.

Les Russes se rapprochèrent rapidement sur un seul front, tel un grand étendard ondulant sur la neige. On commença à distinguer leurs visages grimaçants, déformés par la haine, le souffle empanaché de leurs petits chevaux, sur lesquels ils montaient à cru. Leurs clameurs guerrières allèrent croissant, comme s'ils avaient besoin de joindre l'ivresse des cris de mort à celle du mouvement.

Le premier coup de feu tiré par le sergent de dragons donnant le signal du déclenchement de la fusillade éclata alors que les assaillants n'étaient plus qu'à quinze ou vingt pieds des Français. On vit l'un des chevaux partir à l'aventure, crinière au vent, après que son cavalier, atteint en pleine course, eût vidé les étriers.

Une salve nourrie suivit, fauchant d'autres hommes, d'autres montures. Mais ce tir n'arrêta pas le déferlement de l'avalanche sur les positions des défenseurs. Autour des fourgons, ce fut aussitôt une terrible mêlée. Un tourbillon désordonné de chevaux cabrés poussant des hennissements épouvantables, d'hommes vociférants s'affrontant à coups de lances, de sabres et de baïonnettes au milieu du dense nuage de fumée dégagé par la fusillade.

Au cours de l'engagement, les Cosaques s'avisèrent soudain qu'un certain nombre de civils, de même que quelques militaires désarmés étaient allongés sous les chars à côté de sacs emplis de pièces d'or. Ils se mirent aussitôt en demeure de les déloger de ces refuges pour s'emparer de leur butin.

Après qu'un asiate eut plongé, en manquant sa cible, sa lance entre les roues de la voiture sous laquelle ils étaient tous les deux blottis, Bouvet cria à Pauline:

– Vite! Fichons le camp d'ici! Il va nous transpercer!

Juste au moment où ils se dégageaient de leur abri provisoire, un autre cavalier démonté leva son sabre courbe dans l'intention de décapiter le vieux roulier. Il n'en eut pas le temps. Pauline avait vu le danger. Avant l'accomplissement du geste meurtrier, la lanière de son fouet s'enroula en sifflant autour du poignet du Cosaque. Il lâcha son arme en hurlant de douleur. Aussitôt, Sévère Bouvet lui déchargea son pistolet en pleine tête.

Guillaume Pécherey n'eut pas la même chance. Alors qu'il tentait lui aussi de rejoindre un abri plus sûr et courait dans la neige en direction des fourgons, un cavalier arriva au galop et le frappa d'un coup de lance dans le dos. Après que le Cosaque eût retiré son arme dégoulinante de sang de son corps, le Grandvallier continua de fuir sans lâcher son pesant sac de cuir. Il fit ainsi encore quelques dizaines de pas, puis s'effondra. Il tenta en vain de se redresser, centrant toute son énergie pour atteindre le but qu'il s'était fixé, c'est-à-dire le fourgon le plus proche. Il commença alors par se mouvoir grotesquement à quatre pattes, par petits bonds, comme un crapaud sur la neige, en laissant une longue traînée rouge dans son sillage.

Le Cosaque qui venait de le frapper opéra une volte-face dans l'intention de l'achever et de lui dérober sa besace. Mais son cheval fut frappé à cet instant par une balle tirée par l'un des soldats français, en position à quelques pas de là. L'animal s'effondra à son tour, emprisonnant les jambes de son cavalier sous sa masse.

Comprenant qu'ils subissaient trop de pertes et n'étaient pas assez nombreux pour venir à bout de la résistance de leurs adversaires, les Russes, ralliés sur un ordre rauque de leur chef, tournèrent bride aussitôt, abandonnant la partie, laissant une demi-douzaine des leurs sur le terrain. Ils s'éloignèrent aussi vite qu'ils étaient arrivés, en poussant les mêmes hurlements féroces, semblables à de grands oiseaux carnassiers volant au ras de la plaine.

Les pertes des Français aussi étaient sévères. De nombreux morts et des blessés jonchaient le champ de bataille. Parmi eux se trouvait Guillaume Pécherey, inanimé sur la neige.

Aussitôt après le départ des Cosaques, indifférents au sort des malheureux tombés au cours de l'accrochage, les pillards recommencèrent à s'affairer autour des coffres et des tonneaux éventrés. On vit même des victimes crachant le sang se traîner vers les fourgons pour essayer de récupérer leur part du butin.

Sévère Bouvet, qui venait de frôler la mort, s'approcha de Pauline. Très ému, très pâle, des larmes perlant au bord des paupières, il l'étreignit longuement entre ses bras.

– Merci petite, dit-il simplement. Sans toi, j'y passais!

Puis il conseilla:

– Ne restons pas ici. Ces sauvages ont vu qu'il y avait plein d'or en cet endroit. Ils sont allés chercher des renforts. Je suis sûr qu'ils ne tarderont pas à revenir en force.

Comme ils repartaient vers leurs chars, la jeune fille avisa le corps de Guillaume Pécherey. Ils s'en approchèrent. Le blessé vivait encore, mais une large tache de sang ne cessait de s'élargir autour de lui. A quelques pas de là, le Cosaque qui l'avait frappé de sa lance essayait désespérément de dégager ses jambes brisées de dessous son cheval mort. Un grenadier vint vers lui et lui planta sa baïonnette en pleine poitrine.

Pauline s'agenouilla à côté de Pécherey. Il serrait toujours sa besace bourrée d'or contre sa poitrine.

– Comment vous sentez-vous? demanda-t-elle d'une voix charitable.

Il fixa sur elle ses yeux fous de douleur, empreints d'épouvante. Il devait déjà naviguer dans les brumes, vers les rivages de l'inconscience. Sans doute crut-il, au début, qu'il s'agissait de quelqu'un venu pour l'achever.

Sévère Bouvet intervint à son tour. Il venait de sortir une fiole de l'une des poches de sa blouse. Il l'approcha des lèvres du blessé et le fit boire en disant:

– Tiens, Grandvalli... C'est de la gentiane... ça te fera du bien...

En même temps qu'il absorbait la rasade d'alcool, Pécherey reconnut ses interlocuteurs. Son visage se détendit. Sa voix se fit suppliante pour demander:

– Je ne veux pas crever ici... Emmenez-moi, mes amis... Je souffre le martyre... Sauvez-moi...

Pauline ne se laissa pas attendrir. Les lamentations de l'assassin lui parurent indécentes.

– Où avez-vous enterré mon père? demanda-t-elle d'une voix sèche.

Il sembla d'abord ne pas comprendre le sens de cette question, mais finit par répondre:

– Au cimetière... A Grande-Rivière...

Elle réalisa qu'il pensait à quelqu'un d'autre. Elle précisa plus lentement sa question, en détachant bien chaque mot:

– Je ne parle pas de votre père... Mais de mon père à moi... de l'Aristide... Aristide Paget... Vous vous souvenez? Aristide Paget?... Celui que vous avez tué! Où l'avez-vous enterré?

Il garda un long instant de silence, en la fixant de ses yeux déjà un peu troubles. Quelque chose d'aveugle, de profond, tournait dans son esprit halluciné. La mémoire lui revint soudain, comme si un rideau s'était levé sur sa conscience. Sa réponse arriva, imprécise mais sincère:

– Je l'ai enterré... dans la clairière... Derrière la chapelle...

– Quelle clairière? Quelle chapelle? s'enquit-elle vivement, presque avec méchanceté.

Cette réaction hostile ranima la peur du moribond. Dans le reste de lucidité qui s'échappait de son esprit comme sa vie s'échappait avec le sang s'écoulant de sa blessure, il comprit qu'il venait de faire un aveu terrifiant.

Rassemblant à nouveau ses forces, d'une voix lasse, pleine d'une indicible désespérance, il reprit:

– Pardonne-moi... Je ne voulais pas le tuer... Mais il m'a surpris en train de le voler... Non, je te le jure, je ne voulais pas tuer ton père... Mais j'ai eu peur qu'il me dénonce... Il s'est défendu... Et puis...

A cet instant, un râle s'échappa de sa gorge. Il cracha un peu de sang, qui se mit à dégouliner sur sa barbe. L'aveuglante connaissance qui précède la mort lui fit comprendre qu'il était à présent vain de tenter de se justifier. Il concentra ses dernières pensées à plaider une autre cause.

De sa main gauche, il commença par dégrafer le col de sa blouse. Il arracha la chaîne supportant la croix en or qu'il portait au cou. C'était celle qui avait appartenu à Aristide Paget. Il la remit à Pauline. Ensuite, il lui tendit la lourde sacoche en cuir contenant les louis d'or ramassés autour des fourgons de l'Empereur.

– Pour toi et pour mes petits... dit-il d'une voix de plus en plus désincarnée, presque inaudible.

Elle refusa ce cadeau, repoussa la besace d'un geste brusque. Il devina la raison de sa réticence. Il insista, d'un ton pitoyable:

– C'est pas du vol... Je les ai ramassées pour mes petits... qui n'auront plus rien... Parce que je vais mourir...

Sévère Bouvet intervint:

– Accepte cet argent, Pauline. Il n'appartient plus à personne. Toi aussi tu en auras besoin pour rembourser tes dettes et racheter des attelages.

Elle hésita encore, puis prit finalement le sac et se releva. Guillaume Pécherey voulut sans doute lui dire autre chose. Peut-être la remercier? Il porta la main à son front, comme pour repousser des ombres, chercha en vain ses mots, mais sa voix n'émit plus que des sons inintelligibles. Il poussa un nouveau râle, se raidit, puis sa tête retomba en arrière. Ses paupières restèrent grandes ouvertes sur ses yeux gris, élargis par l'effroi de la descente vers l'abîme où il sombrait.

EPILOGUE

– Vraiment ? Tu ne veux pas rentrer un instant à la maison pour saluer les miens ?

– Non, monsieur Sévère. Il se fait tard. J'ai hâte de rejoindre notre ferme. Ma mère et mes frères doivent m'y attendre aussi avec impatience.

– Tu as raison. Je te comprends. Ton absence a été longue. Ils ont dû se faire beaucoup de souci pour toi. C'est normal que tu aspires à les revoir et à les rassurer...

Avant de reprendre les rênes du seul attelage qui lui restait, le vieux roulier ajouta encore :

– A bientôt petite. N'oublie pas ce que je t'ai déjà dit. Si tu as besoin de quelque chose, n'hésite pas à me le faire savoir. Je serai toujours là pour t'aider. Après tout ce que tu as fait pour moi, de ma vie je n'arriverai jamais à rembourser ma dette envers toi !

Aussi émus l'un que l'autre, ils s'embrassèrent comme père et fille. Puis, tandis que Bouvet engageait son char sur le chemin qui menait à sa ferme, Pauline poursuivit seule sa route en direction de la Combe des Egarés.

Le soir de mars tombait sur le Grandvaux. La pluie avait cessé au Pont-de-la-Chaux, mais le ciel restait ombré de nuages. Au loin, le soleil déclinant colorait l'horizon de rose pâle. Le rude hiver jurassien s'en était allé, chassé cette année-là par un printemps précoce. C'est à peine s'il restait encore quelques lambeaux de neige accrochés contre le versant nord de la Joux-Devant. On ne voyait plus aucun troupeau sur le vert cru des pâturages. A cette heure, ils devaient tous être rentrés dans les étables pour la traite vespérale. L'unique signe de vie dans ce paysage de solitude et de silence se manifestait par la blanche fumée d'un feu de bûcheron, qui montait droit vers le ciel entre les fûts serrés des sapinières.

La jeune fille n'eut pas à secouer les rênes afin d'accélérer l'allure de sa jument. La brave bête avait reconnu depuis longtemps le tracé du chemin. Elle allongeait d'elle-même le pas.

Pauline éprouvait une sorte de douce ivresse à retrouver sa vallée. Elle avait tant de fois, au cours des onze mois qui venaient de s'écouler, craint de ne plus jamais la revoir ! Rongée d'incertitude durant son long cheminement à travers les immensités de la plaine russe, face aux horizons infinis où ses yeux et sa raison se perdaient dans le vent glacial de la détresse, elle avait songé sans cesse à son village, à sa maison. Quel contraste il existait entre ce pays où semblaient régner de toute éternité l'harmonie, la paix, et les étendues sauvages de l'empire des Tsars balayées par la haine, la souffrance et la mort ! Elle était à présent persuadée que l'idée de revenir dans son Grandvaux natal était la force qui l'avait aidée à survivre.

Depuis qu'elle avait quitté Königsberg, à la fin du mois de février 1813, après la guérison de Sévère Bouvet, elle n'avait pas un seul jour cessé d'imaginer ce que seraient ses retrouvailles avec sa famille. Tour à tour pessimiste ou optimiste, elle espérait en revoir tous les membres en bonne santé, surtout sa mère, dont la possible disparition durant son absence assombrissait ses pensées. Depuis onze mois, elle était en effet sans nouvelles des siens. Même si ceux-ci lui avaient écrit, elle n'avait jamais reçu leurs lettres. Elle leur avait envoyé elle-même plusieurs messages depuis Königsberg pour les rassurer sur son sort et celui de Sévère Bouvet. Elle ignorait si ces correspondances leur étaient parvenues.

Il n'y avait que depuis ce matin, au départ de l'Auberge de la Glantine à Poligny, qu'elle avait retrouvé une grande partie de sa confiance en l'avenir. Elle était presque sûre que sa mère l'attendait. Sa force de caractère lui avait permis de surmonter sa maladie. Elle avait dû lutter contre la mort dans l'attente de son retour. Ses frères aussi seraient heureux de la revoir. Eux qui étaient si jeunes, si inexpérimentés avaient sans doute eu beaucoup de mal à gérer les affaires de la ferme. A présent, elle serait là pour les seconder. Ce qu'elle rapportait dans la sacoche que Guillaume Pécherey lui avait donnée leur permettrait à tous de retrouver une vie meilleure. Même en remettant, comme elle se l'était promis, la moitié des pièces d'or à la femme de l'assassin de son père, le magot représenterait encore une jolie somme.

Son père, Pauline ne l'oubliait pas non plus. Elle connaissait à présent les circonstances de sa mort et possédait quelques indications sur l'endroit où il était enterré. «Dans la clairière, derrière la chapelle...», avait dit Pécherey. C'étaient des renseignement certes bien imprécis, mais elle se promettait de tout faire pour retrouver cet endroit afin de ramener les restes d'Aristide Paget au cimetière de Saint-Pierre.

Un seul problème tempérait cependant l'euphorie de la jeune fille: celui de Louis Belbenoît, son fiancé. Avait-il échappé au peloton d'exécution? Croupissait-il au fond d'une geôle? Avait-il été enrôlé dans l'un des régiments de marche de la Grande Armée et envoyé en Russie? Autant de questions jusqu'ici sans réponses. Elle avait surmonté tant de difficultés qu'elle se sentait capable de résoudre celle-ci. Pour le cas posé par son promis, au besoin, elle n'hésiterait pas à demander sa grâce à l'Empereur en personne. N'avait-elle pas risqué sa vie pour transporter ses affaires? Permis, avec ses compagnons Grandvalliers, à son artillerie de traverser sans encombre la Bérézina? Et puis il y avait les pertes qu'elle avait subies durant cette atroce campagne de Russie: cinq chevaux et cinq chars! Lina était la seule rescapée de la dramatique épopée. Turu, le dernier mâle de ses attelages, avait péri en arrivant à Vilna.

Par la suite, Pauline avait souvent craint que sa jument ne disparaisse à son tour, car les misères de la Grande Armée ne s'étaient pas achevées dans cette ville où l'attendaient soit-disant un ravitaillement abondant et des casernements confortables. En réalité, les rescapés de la déroute avaient trouvé cette place déjà envahie par des milliers de gueux affamés, blessés, démoralisés, rien n'ayant été prévu pour accueillir cette horde de miséreux.

Il avait fallu repartir aussitôt, cette fois en direction de Kovno, dans les mêmes épouvantables conditions que précédemment. La neige s'était remise à tomber, le froid polaire à sévir. Les Cosaques avaient repris leurs harcèlements meurtriers. Au cours d'une de leurs attaques, en défendant les deux derniers chevaux de son attelage, Sévère Bouvet avait été blessé d'un coup de lance à l'épaule droite. Après l'engagement, Pauline avait d'abord cru que son vieil ami était mort, car il avait perdu connaissance. Il avait fini par reprendre ses esprits et conseillé à la jeune fille de l'abandonner à son sort pour ne pas se laisser distancer par les autres voitures du convoi. Refusant de lui obéir, elle avait commencé par juguler tant bien que mal l'hémorragie du blessé. Puis elle l'avait hissé avec peine sur son char, attaché son attelage derrière le sien. Elle s'était remise en route une heure plus tard, seule au milieu de la plaine, à la merci d'un nouveau raid des Cosaque. Heureusement, ceux-ci ne s'étaient pas manifestés jusqu'à la fin de la journée. Le même soir, elle avait pu rejoindre le convoi dont elle faisait partie.

En dépit des soins prodigués par Pauline, la blessure de son vieil ami s'était infectée. En proie aux tourments d'une fièvre cruelle, il avait déliré pendant plusieurs jours, allongé derrière elle sous la toile du chariot. Cent fois elle s'était arrêtée pour refaire son pansement ou s'assurer qu'il était toujours bien couvert. Chaque fois, elle avait redouté qu'il ne fût mort dans l'intervalle. Mais le roulier était d'une race solide, habitué aux froids rigoureux, aux fatigues, aux maladies. Alors que tant d'autres se seraient laissés aller dans l'attirant sommeil de l'agonie, lui avait continué le combat pour la vie. Peut-être parce qu'il avait toujours eu conscience des soins que Pauline lui prodiguait ? Pour ne pas lui causer une nouvelle peine en glissant sur la pente de l'éternel repos.

Finalement, les rescapés de la Grande Armée avaient fini par atteindre les rives du Niémen, où la terrible campagne de Russie avait débuté le 22 juin précédent. C'était la frontière au-delà de laquelle ils seraient désormais à l'abri des forces ennemies. Le fleuve étant gelé, ils l'avaient traversé sur la glace et rejoint peu après Königsberg. Malgré l'incroyable encombrement des hôpitaux de la ville, Pauline avait quand même pour faire admettre son protégé dans l'un de ces établissements. Il y était resté plusieurs jours entre la vie et la mort. Elle n'avait jamais quitté son chevet, dormant au pied de son lit, suppléant les médecins, les infirmiers dans leur travail.

Finalement, après de longues souffrances, le vieux roulier s'était peu à peu remis de l'infection occasionnée par sa blessure. Décembre et janvier s'étaient écoulés avant qu'il eût recouvré suffisamment de forces pour envisager de reprendre la route.

Le départ de Königsberg n'avait pas eu lieu sans soulever des difficultés. Pauline avait dû se battre contre les fonctionnaires impériaux afin d'obtenir sauf-conduits et passeports pour pouvoir regagner la France. Ces employés considéraient en effet que l'engagement des rouliers n'était pas arrivé à son terme. Qu'ils devaient rester plusieurs mois encore au service de l'Empereur. La jeune fille s'était défendue avec pugnacité pour éviter qu'on ne réquisitionnât leurs deux attelages et leurs chars. Selon la rumeur, Napoléon Ier que sa défaite n'avait pas assagi, songeait déjà à la revanche. Il reconstituait une armée en vue d'une nouvelle campagne.

Heureusement, ces démêlés avec les bureaucrates militaires s'étaient bien terminés. Ils avaient pu quitter Königsberg et regagner la France par petites étapes. Pauline et Sévère Bouvet revenaient sains et saufs au pays, alors que tant d'autres rouliers réquisitionnés comme eux l'année précédente n'auraient plus la chance de revoir leurs familles. Combien d'entre eux étaient-ils restés dans les neiges de Russie? Personne ne pouvait encore le dire. Le saurait-on jamais un jour?

La jeune fille savait que jusqu'à la fin de son existence elle vivrait avec dans la mémoire le souvenir de l'atroce tragédie. Elle savait aussi qu'il lui serait impossible de raconter l'horreur des événements qu'elle avait connus durant ces longs mois de désespérance. Qui la croirait si elle narrait le déroulement de la bataille de la Moskova, l'incendie de Moscou, la retraite de la Grande Armée...?

Après qu'elle eût quitté la route de Saint-Pierre à Grande-Rivière, Pauline n'eut pas à guider sa jument. Elle emprunta d'emblée le chemin conduisant à la ferme des Egarés et, lorsqu'elle l'eût atteinte, s'arrêta d'elle-même devant l'auge à balancier au milieu de la cour.

En revoyant la vaste bâtisse grise surmontée d'un toit de bardeaux et d'une cheminée trapue, avec ses petites fenêtres aux rideaux croisés, son banc de pierre, sa monumentale porte de grange, la jeune fille eut du mal à contenir son émotion. Elle vit qu'il y avait un reflet de lumière aux carreaux de l'étable. Les siens s'activaient sans doute à la traite du soir. Au lieu d'aller troubler leur travail, elle préféra rentrer dans la maison.

Dès qu'elle eût poussé la porte de la cuisine, elle retrouva un autre décor familier. D'abord la table massive et les bancs au milieu de la pièce, dont le plafond était supporté par des poutres en chêne. Contre les murs strictement passés à la chaux se trouvaient une armoire aux battants ferronnés, la maie à pétrir le pain, l'horloge comtoise au balancier rond. Sur la droite, une alcôve enclose dans ses rideaux avait autrefois abrité la grand-mère Mélanie. Dans le fond de la cuisine se dressait l'immense cheminée de pierre au manteau garni de pots en grès, de lampes à huile et à chandelles, de bassines de cuivre roux. Une petite marmite en fonte était suspendue au-dessus de l'âtre où flambait un feu doux. Il s'en échappait une odeur de soupe au lard.

Ce qui frappa immédiatement Pauline, c'est que les dalles un peu disjointes de la pièce n'avaient pas été balayées depuis longtemps. La table et la souillarde sous la fenêtre étaient encombrées de vaisselle sale.

Ce désordre lui causa aussitôt un malaise. Sans plus attendre, elle se dirigea vers la chambre de ses parents, qui donnait sur l'arrière de la maison. Dès qu'elle en eût poussé la porte, elle se retrouva dans une atmosphère confinée où flottait encore une odeur médicamenteuse. Comme la pièce était plongée dans les ténèbres, elle ouvrit la fenêtre et les volets.

En se retournant, un détail qui ne trompait pas la frappa. Une petite glace accrochée face au lit, contre le mur, était voilée d'un morceau de tissu noir. C'était l'une des coutumes mortuaires du Grandvaux. Lorsque quelqu'un décédait dans une maison, on masquait ou on retournait les miroirs pour que l'âme des défunts n'y soit pas emprisonnée et puisse gagner le ciel. Pauline fut frappée d'une conviction foudroyante. Sa mère était morte dans cette pièce durant son absence. Elle fondit aussitôt en larmes et s'agenouilla au pied du lit.

Abîmée dans son chagrin, elle demeura un long instant à pleurer, à prier aussi, en évoquant le souvenir de la disparue qu'elle avait tant aimée.

Un bruit la tira de sa douloureuse torpeur. Des voix venues de la cuisine. Elle comprit qu'il s'agissait de ses frères, dont les travaux à l'étable venaient de s'achever et qui allaient se mettre à table pour le repas du soir.

Pauline se leva à regret et revint dans la salle commune. La nuit était tombée entre-temps. Seules les lampes-tempête que tenaient Séverin et Gustave éclairaient la pièce. Ils avaient tous les deux grandi et forci en son absence. Ça se voyait à leurs vêtements devenus un peu étriqués pour leur taille.

Les deux garçons regardèrent eux-mêmes leur sœur avec étonnement. Elle comprit qu'elle devait avoir elle aussi beaucoup changé depuis onze mois. Sans doute ressemblait-elle à une espèce de vagabonde avec ses cheveux hirsutes, sa blouse de roulier déchirée, ses souliers avachis.

Elle les embrassa tour à tour avec empressement et questionna :

– Quand maman est-elle morte ?

– En juin, environ deux mois après ton départ, dit l'aîné.

– Elle a beaucoup souffert ?

Il exprima son chagrin dans un regard triste.

– Oui, beaucoup... Elle a pensé au père et à toi jusqu'à la fin... Chaque soir, elle nous a demandé de prier pour vous deux...

Un silence s'établit entre eux, durant lequel on entendit l'horloge comtoise émietter le temps, la soupe au lard mijoter dans la marmite.

Une question brûlait sans doute depuis un instant les lèvres de Séverin. Il finit par la poser :

– Qu'est-ce que c'est que ce cheval maigre, dans la cour ?

– Tu ne l'as pas reconnue ?

– Non.

– Mais c'est Lina ! Elle est maigre parce qu'elle a beaucoup souffert de la faim en Russie et qu'elle a été malade.

– Et les autres ?... Les voitures ?...

Elle baissa la tête avant de répondre en esquissant un geste fataliste :

– Cinq de nos chevaux sont morts... C'était terrible... Le froid, la neige, la faim, les Cosaques... J'ai dû abandonner les chars le long des routes...

Il y eut un nouveau silence que l'aîné rompit le premier :

– Comment on va faire à présent ? demanda-t-il.

Pauline se reprit et dit :

– Il faudra bien sûr racheter des attelages, et aussi des voitures.

Une lueur d'inquiétude traversa le regard de l'aîné. Il demanda :

– Avec quel argent ? On n'a plus un sou. Des gens de Morez et de Morbier sont venus nous demander de régler les marchandises que le père avait prises en fret. Je leur ai réglé une partie de la dette en puisant dans les réserves de la mère... La cassette est vide à présent. Ils ont dit qu'ils reviendraient au printemps pour qu'on leur paye le reste de la somme... Comment on va faire ? Faudra vendre les vaches... Peut-être la ferme ?

– On vendra rien du tout ! dit Pauline d'une voix ferme. Je rapporte largement de quoi rembourser toutes nos dettes et remplacer les attelages !

Ils parurent surpris par cette réponse, mais bien que ne l'ayant pas comprise, ne posèrent pas de questions à leur sœur. Ce fut elle qui s'enquit :

– Comment vous êtes-vous débrouillés tous les deux après la mort de maman ?

– Ça n'a pas été très facile, dit Séverin. Heureusement, les voisins nous ont beaucoup aidés. On a pu rentrer les foins. Nos vaches n'ont pas souffert cet hiver. On a aussi vendu le lait à la fruitière, pour le fromage.

La lumière des lampes-tempête des deux garçons n'éclairant pas suffisamment la cuisine, Pauline retrouva ses anciens gestes. Elle décrocha la suspension du plafond, ouvrit la boîte contenant les allumettes de contrebande et en craqua une. Elle alluma ensuite les chandelles.

– Sois gentil, Séverin, demanda-t-elle, va rentrer Lina à l'écurie. Donne-lui une bonne ration de fourrage et de grain. Elle est très fatiguée, car nous avons fait longue route.

Sans rechigner, l'adolescent s'apprêta à obéir à sa sœur. Au moment de sortir, il marqua un temps d'arrêt et dit :

– Au fait, en ton absence, on a reçu du courrier pour toi. Des lettres de ton promis. On ne les a pas ouvertes. Elles sont dans le tiroir du bahut.

En entendant ces mots, Pauline tressaillit jusqu'au plus profond de l'âme. Elle s'empressa d'aller chercher les lettres dans le meuble indiqué. Il y en avait sept en tout. Elle reconnut immédiatement l'écriture de Louis Belbenoît.

La jeune fille vint s'asseoir sur un des bancs, sous la vacillante lumière des chandelles. Elle vit avec étonnement que toutes les enveloppes avaient été postées en Suisse. Les mains tremblantes d'émotion, elle ouvrit la première et lut:

«Montpreveyres, ce 10 juin 1812

Ma chère Pauline,

Par un message que mes parents on pu me faire passer, j'ai appris que tu venais d'être réquisitionnée à la place de ton père et avec d'autres rouliers du Grandvaux, pour assurer jusqu'en Prusse les transports de l'armée. J'espère que ta mère pourra te faire parvenir cette lettre quelque part afin que tu sois rassurée sur mon sort.

Voici en deux mots ce qui s'est passé ces dernières semaines. Après mon arrestation, j'ai été conduit à pied, entre deux gendarmes à cheval, jusqu'à Lons-le-Saunier et enfermé dans une prison où se trouvait déjà un autre réfractaire à la conscription. Un garçon nommé Florent Claudet, originaire du Lac des Rouges Truites, dans le Grandvaux. J'ai immédiatement sympathisé avec lui.

Le 15 mai, nous avons été traduits devant le Tribunal militaire, qui nous a condamnés tous les deux à vingt années de bagne. On nous a ramenés le soir même à la prison en nous disant qu'on y attendrait le passage de la prochaine chaîne[1]*, qui devait traverser le Jura deux semaines plus tard.*

Florent Claudet et moi avons alors pris la décision de nous évader. Grâce à une lime qu'un de ses parents royaliste lui a fait remettre discrètement par un de nos gardiens, moyennant finance, nous avons pu scier en quelques nuits les barreaux de notre cellule et nous avons pris la fuite.»

---

[1] Convoi de condamnés en partance pour le bagne, attachés à la même chaîne.

La gorge nouée, le cœur tumultueux, Pauline interrompit sa lecture, car ses yeux s'embuaient de larmes.

Debout devant la cheminée, le petit Gustave, son cadet, la regardait avec l'adoration qu'il portait depuis toujours à sa sœur. C'était un garçonnet aux yeux bleus, au regard attentif, inquiet de la voir à nouveau prête à pleurer. Pauline contint son trouble et se remit à lire:

«... Je te passe les détails des jours qui ont suivi notre évasion. Nous avons dû marcher uniquement la nuit, car toute la maréchaussée du Jura était à nos trousses. Nous nous sommes dirigés directement vers la Suisse et avons traversé la frontière dans la montagne, aux environs de Vallorbe. Un pasteur de cette ville nous a généreusement accueillis et hébergés pendant plusieurs jours. Grâce à lui, nous avons trouvé du travail. Florent dans un atelier de ferronnerie, à Echallens, près de Lausanne. Moi un peu plus loin, chez un menuisier-charpentier, à Montpreveyres. C'est un village situé au pied d'un massif forestier qu'on appelle le Jorat, qui ressemble beaucoup au Grandvaux.»

Plus elle avançait dans sa lecture, plus Pauline se sentait gagnée par une certitude rassurante. Son fiancé, dont le sort l'avait tant préoccupée, était non seulement vivant mais libre! Chaque mot lui était doux. La rumeur des phrases chantait en elle.

«... Mes patrons s'appellent Nicod. Il s'agit d'un couple de personnes âgées chez lesquelles je réside. Ils m'ont accueilli comme un fils, car ils ont perdu, il y a une quinzaine d'années, un garçon qui avait mon âge. J'occupe sa chambre. Ils n'ont pas d'autres enfants. Je travaille de mon mieux pour les satisfaire et ils semblent contents de moi. Auprès de ces braves gens, j'oublie mes malheurs passés et je remercie Dieu chaque jour de m'avoir

permis de retrouver la liberté. Où serais-je aujourd'hui si mon évasion avait échoué? Je n'ose pas penser au désespoir qui serait le mien et le tien. Bien que je sois heureux ici, tu me manques beaucoup, ma chérie, et mon plus grand désir est de te revoir bientôt. Hélas, tant que l'ogre Napoléon régnera sur la France, je ne pourrai pas revenir au pays, car je risquerais de me faire arrêter à nouveau. Dans quelque temps, lorsque tes frères seront à même de remplacer ton père à la ferme et dans le métier de roulier, tu viendras me rejoindre ici et nous nous marierons. J'attends ce jour avec impatience.

Dans l'espoir de te serrer bientôt dans mes bras, je t'embrasse bien tendrement.»

Ton Louis qui t'aime et pense à toi

Pauline replia cette première lettre et releva la tête. La tristesse avait disparu de son regard, mais elle était encore incapable de libérer la joie qui gonflait sa poitrine. Elle se reprochait presque le sentiment d'allégresse qui l'étreignait, comme s'il était indécent. Après l'immense douleur éprouvée à l'annonce de la mort de sa mère, elle se sentait lâche devant le bonheur que la lecture de cette lettre venait de lui procurer.

Le petit Gustave, qui ne cessait de la dévorer des yeux sans deviner ses états d'âme, lui posa soudain une question qui la ramena à la réalité de l'instant:

– Pauline, comment c'est, la Russie?

Elle secoua plusieurs fois la tête, songeant combien il serait difficile de lui répondre en quelques mots. Elle dit seulement:

– Un grand et beau pays... Mais aussi un pays de sauvages...

– Et notre Empereur? Tu l'as vu?

– Oui, plusieurs fois.

Une lueur d'admiration irradia le visage du garçonnet.

– Comment est-il? demanda-t-il avec empressement.

Ne sachant que répondre, elle se leva, alla devant la cheminée soulever le couvercle de la marmite. Elle remua la soupe à l'aide d'un long pochon en bois, embaumant la pièce d'un délicieux fumet.

– Pour trois, ce soir, ce sera juste, constata-t-elle. Il aurait fallu mettre un morceau de lard en plus et quelques pommes de terre... Mais vous ne pouviez pas savoir que je serais de retour aujourd'hui...

Elle revint vers la table, sous la lampe où Gustave, les yeux toujours brillants, attendait sa réponse.

– Qu'est-ce que tu me demandais ?

– Comment il est, l'Empereur?

Elle fut sur le point de lui dire la vérité. Que c'était un tyran. Un assassin. Elle comprit qu'elle lui causerait de la peine en brisant l'image qu'il se faisait de Napoléon Ier. Cette même opinion idolâtre que partageaient encore, hélas, la majorité des Français.

Alors elle répondit simplement par ces mots ambigus :

– L'Empereur, c'est un petit homme... Oui, un bien petit homme !

Moscou, Dole, mars-octobre 2001

ŒUVRES D'ANDRÉ BESSON

Editions Mon Village S.A.

L'INCONNUE DU VAL PERDU, roman (3e édition). Téléfim diffusé par France 3 et Arte, réalisation Serge Meynard – Cassettes Audio VDB.

LA ROCHE AUX FOUS, roman (2e édition), en gros caractères, Ed. VDB.

LA GROTTE AUX LOUPS, roman, Prix international Terroir (13e édition). Paru en langue allemande «Die Wolfshöhle». Téléfilm diffusé par TF1, RTB, TSR, réalisation B. Toublanc-Michel. En poche Ed. MV.

LE VILLAGE ENGLOUTI, roman, Prix Emile-Zola (14e édition). Paru en langue allemande «Das Versunkene Dorf». Série de 30 épisodes diffusée par TF1 et les TV européennes, réalisation Louis Grospierre. En poche Ed. J'ai lu. En gros caractères Ed. Voir.

LE BARRAGE DE LA PEUR, roman, suite du «Village englouti» (5e édition).

LE MOULIN DU SILENCE, roman, Prix de la Société des Gens de lettres de France (7e édition). En poche Ed. BH. En gros caractères Ed. Voir.

LE LOUP-GAROU DE LA VALLÉE DES ANGES, roman (4e édition). En poche Ed. Press-Pocket.

LES RANDONNEURS, roman, Grand Prix du Roman policier (6e édition). En poche Ed. Fleuve Noir.

LA DERNIÈRE NEIGE, roman, Prix Fraternité Humaine (5e édition).

LE SECRET DU COLPORTEUR, roman, en tête de la sélection «L'Hebdo», Salon du Livre 1993.

LE VOYAGEUR DE L'OUBLI, roman (3e édition).

(Les titres des autres ouvrages d'André Besson parus aux Editions Mon Village SA se trouvent sur le rabat de la jaquette).

Editions France Empire

VICTOR HUGO, VIE D'UN GÉANT, biographie (2e édition).

LES GRANDES ÉVASIONS DE LA SECONDE GUERRE MONDIALE, histoire.

LES TRENTE JOURS DE BERLIN, histoire, (3e édition).

LES MAQUIS DE FRANCHE-COMTÉ, histoire, Prix Victor-Moritz (7e édition).

UNE FILLE DE LA FORÊT, récit, Prix des Ecrivains de langue française (7e édition).

LA LOUVE DU VAL D'AMOUR, roman, prix Louis-Pergaud (9e édition). Téléfilm FR3, réalisation J.-R. Cadet. Adapté par l'auteur en spectacle «son et lumière».
LE CRÉPUSCULE DES MAUDITS, roman (2e édition).
CONTREBANDIERS ET GABELOUS, histoire (3e édition). Série de 6 épisodes diffusée par FR3, réalisation Jean-Claude Morin.
MON PAYS COMTOIS, récits, Prix George-Goyau de l'Académie française (8e édition).
MALET, L'HOMME QUI FIT TREMBLER NAPOLÉON, histoire (2e édition).

Editions Larousse

LA FRANCHE-COMTÉ ET SES TRÉSORS, livre d'art.

Editions Cêtre

NOS ANNÉES D'ESPÉRANCE, journal 1933-1944 (2e édition).

Nouvelles Editions latines

MARIE DE BOURGOGNE, biographie (6e édition)
MARGUERITE D'AUTRICHE, biographie, Prix Ville de Dijon (5e édition).

Editions Ouest-France-Cêtre

AIMER LA FRANCHE-COMTÉ, tourisme, histoire (5e édition), paru en langue allemande «Liebenswerte Freigrafschaft», en langue anglaise «Wonderful Franche-Comté».

Editions Lelouch-art-et-lumière

BÊTES EN LIBERTÉ, livre d'art illustré par Pierre Duc.

Editions Com'Art

JURA DES VILLES ET DES CHAMPS, livre d'art illustré par Pierre Duc.

Editions Cabédita

LA FABULEUSE HISTOIRE DU SEL, histoire. Adapté par l'auteur en spectacle «Multivision panoramique».

Editions Erti

L'ÂME DE FEU, théâtre. Pièce en trois actes représentée dans plusieurs villes françaises et étrangères.

ACHEVÉ D'IMPRIMER
EN JANVIER 2003
SUR LES PRESSES DE
L'IMPRIMERIE DU LION
90700 CHÂTENOIS-LES-FORGES
DÉPÔT LÉGAL : 1ER TRIMESTRE 2003
N° D'IMPRIMEUR : E3011255

IMPRIMÉ EN FRANCE

Dessin et graphisme de la jaquette:
Gian-Franco Brunetti